D1872451

Dr. Reinhold Oberleitner
2483 Ebreichsdorf

„Heimat, bist Du…?“

Bilder und Geschichten aus dem Burgenland

Über 30 burgenländische Autorinnen und Autoren haben sich an dem von Landeshauptmannstellvertreter Gerhard Jellasitz initiierten Prosawettbewerb „Heimat im Wort“ beteiligt. Eine Auswahl aus den „Geschichten aus dem Land“ werden in diesem Buch publiziert, ergänzt durch die besten Fotos aus dem Wettbewerb „Heimat im Bild“.

edition roetzer

ISBN 3-85374-261-0
Copyright © 1996 by Edition Roetzer, 7000 Eisenstadt
Alle Rechte, insbesondere das des auszugsweisen Abdrucks und der fotomechanischen Wiedergabe, vorbehalten.
Printed in Austria by Rötzer-Druck Ges.m.b.H., 7000 Eisenstadt
Reproduktionen: Rötzer-Druck Ges.m.b.H.
Redaktion: Robert Heger

Vorwort

Wer heute das Wort HEIMAT in den Mund nimmt, wird nachgerade mit Geringschätzung gestraft, wer den HEIMAT-Begriff strapaziert, wird des unangebrachten Pathos bezichtigt, wer sich nicht als Weltbürger, als alle engen heimatlichen Grenzen sprengender Kosmopolit deklariert, der wird als hoffnungslos Vorgestriger, als Konservativer ohne progressive Wertvorstellung abgestempelt.
Eine Entwicklung, die angesichts des nach-nationalsozialistischen Europa nach dem II. Weltkrieg, das sich politisch als regional gegliedertes, friedliches Panorama darstellte und das sich mit seinen überschaubaren Grenzen als Garant für Sicherheit und Frieden in Europa anbot, durchaus verständlich erschien. Eines wurde dabei sträflich übersehen: Die Regionalismen sind vielerorts schlummernde Nationalismen, es waren und sind die Diktatoren kleiner Reiche, die viel Unheil anrichten können.
Umso wichtiger erscheint es mir, daß wir uns auf kleine Einheiten besinnen, im Geiste Leopold Kohrs, der gemeint hat: kleine Gesellschaften, weniger Staat. Und damit komme ich zum unmittelbaren Anlaß für die Publikation: „Heimat, bist du ..." Nämlich die Bürger unseres Landes aufzufordern, ihren Heimat-Begriff zu erläutern, entweder mit Hilfe des geschriebenen Wortes oder der fotografischen Dokumentation. Und das Ergebnis dieses Wettbewerbs kann sich sehen und hören lassen! Über 30 Autoren haben ihre „Heimat im Wort" erstehen lassen, ebenso viele Fotokünstler haben diese ihre „Heimat im Bild" visualisiert.
Heimat, das bedeutet für jeden etwas anderers, sei es seine Gemeinde, die Region, das Bundesland, der Staat, Europa. Und ich bin stolz darauf, daß - ganz im Sinne unserer christlich-sozialen Grundeinstellung - hier nicht der falschen dörflichen Idylle, dem Provinzialismus vergangener Tage Ausdruck verliehen wird, sondern dem offenen Bekenntnis zur HEIMAT, zum Zuhause, zur eigenen kleinen Welt, zur engsten Umgebung!

Viel Lesefreude wünscht Ihr

Landeshauptmann - Stellvertreter
Gerhard Jellasitz

3. Preis

„Rapsfeld" *Gerhard Gröller*

„Rebenverbrennung" *Gerhard Gröller*

„Burg im Netz“ *Gerhard Gröller*

Burgenland

Robert Bauer

Wenn das Grau des Morgens den Mond über den Horizont hinausdrängt —
Wenn die Straßenlaternen nach erfüllter Pflicht ihre Augen schließen —
Wenn der Nebelschleier sich lichtet und gleich wie entweichender Dampf seine Arme ausbreitet —
Wenn goldgelbe Blüten der Rapsfelder mit saftig - grünen Wäldern harmonisch auf sanften Hügeln das Rot der aufgehenden Sonne erwarten —
Wenn die Fischer an der Raab das gemächliche Fließen das Wassers verfolgen —
Wenn die Vögel in geschützten Nestern ihr Morgenlied singen —
Wenn der Morgentau sanftmütig über die Blätter streichelt —
Wenn der Schrei des Bussards den Ameisenbau zu emsigem Leben erweckt —
Wenn das Schilf im Neusiedler See durch den Wellenschlag das Wassers erwartungsvoll hin- und herwiegt —
Wenn das Klappern der Störche durch die erwachenden Gassen schallt —
Wenn die Hüter mit leisen Schritten durch Weingärten wandern —
Wenn das Wild sich langsam in die schützenden Wälder zurückzieht —
Wenn die Blumen auf den Wiesen und Fluren ihre sich öffnenden Blüten gegen Osten neigen —
Wenn Schwammerlsucher in feucht - bemoosten Wäldern nach frischen Pilzen suchen —
Wenn Burgen und Schlösser sich stolz ins rechte Licht rücken —
Wenn der Biber sehr sorgfältig seinen Bau begutachtet —
Wenn Kirchenglocken mit hellem Klang zur Morgenandacht rufen —
Wenn die ersten Sonnenstrahlen mit zunehmender Kraft das saftige Moos des Waldes berühren —
Wenn der Duft des frischgemähten Grases die Luft erfüllt —
Wenn der Ruf des Kuckucks manch´strohgedecktes Haus erreicht —
Wenn Fledermäuse vom nächtlichen Futterflug ihren Unterschlupf in Burgruinen aufsuchen —
Wenn ein leises Lüftchen das Heidekraut aus ihrem Schlaf erweckt —
Wenn das lustige Plätschern der Heilquellen mit der Musik von Haydn und Liszt verschmilzt —
Wenn die Tauben auf dem Kriegerdenkmal sanftmütig gurren —
Wenn die Schafe mit freudigem Blöken vom Stall auf die Weide ziehen —
Wenn die Gänse in der Wulka ihr erstes Bad genießen —
Wenn der Hahn auf dem Hühnerhof mit stolzem Gefieder die fleißigen Leute zur Arbeit ruft —
Wenn Kuckuckslichtnelken von buntblühenden Wiesen den Wanderern zuwinken —

— IST ES IN UNSEREM HEIMATLAND WIEDER MORGEN GEWORDEN.

„Herbst“ *Hannes Linde*

HEIMAT - Beobachtungen und sehr persönliche Eindrücke aus dem Burgenland 1995

Monika Bader

Frage: Was ist für dich Heimat?
Mein elfjähriger Sohn antwortet spontan:
Wenn ich auf einem anderen Planeten bin, ist meine Heimat die Erde.
Wenn ich auf der Erde bin, ist meine Heimat Österreich.
Wenn ich in Österreich bin, ist meine Heimat Burgenland.
Im Burgenland ist meine Heimat Pinkafeld.
In Pinkafeld bin ich zu Hause.
Ich schließe daraus: Wenn man zu Hause ist - der Heimat nahe ist - wird sie klein empfunden, und man schränkt sie ein. Je weiter man von zu Hause weg ist, umso größer wird also die Heimat, vielleicht damit auch das sogenannte Heimatgefühl.
Meine Heimat ist dort, wo ich geboren bin - antwortete die neunjährige Freundin meiner Tochter. Ivana kam in Sarajevo zur Welt. Vor drei Jahren verließ sie mit ihrer Familie ihre Heimatstadt, bei Nacht in einem unbeleuchteten Autobus, und das Feuerwerk rundherum war damals sehr lebensbedrohend. Für ihr Alter hat Ivana eine sehr genaue Vorstellung von ihrer Zukunft. Sie möchte einen Beruf erlernen und in Österreich arbeiten, denn sie glaubt, daß sie in ihrer Heimat, in Sarajevo, keine Chance dazu hat. Es gefällt ihr gut hier, sie muß sich eben an Österreich gewöhnen und unsere Sprache erlernen, aber hier ist nicht ihre Heimat, in ihrer Heimat ist es schlecht - sagt sie - und weder sie noch ihre Eltern verstehen, warum sich die Menschen dort bekämpfen.
Obwohl der Anlaß, daß Ivana jetzt bei uns lebt, ein so furchtbar trauriger ist, betrachte ich diese Mädchenfreundschaft doch als eine sehr große Bereicherung für die Kindheit und die Entwicklung meiner Tochter. Wahrscheinlich helfen sich die beiden Kinder gegenseitig. Das eine, das schon so viel erlebt und durchgemacht hat - daher viel reifer, offener und aufgeschlossener ist - macht dem anderen klar, daß eine Wohnung, ein Haus in vertrauter Umgebung unter Leuten, die man kennt und deren Sprache man versteht - keine selbstverständlichen Dinge sind, sondern Dinge, um die man notfalls kämpfen muß, die man auch verlieren kann.

Ivana, die so brutal aus ihrer bisherigen Kindheit gerissen wurde, erkennt, daß man überall neue Freunde findet, die fremde Sprache immer vertrauter wird, daß man vielleicht ein bißchen Heimat dort findet, wo man selbst auf andere Menschen zugeht.
Für mich ist „Heimat" nicht endgültig, sondern so veränderlich, wie ich mich selbst im Laufe des Lebens verändere. Heimat ist immer dort, wo ich mich gerade wohlfühle, wo ich im Augenblick zufrieden und glücklich bin, und das muß nicht immer das eigene Heim im Kreis der Familie sein. Das „Ganz-allein-für-sich-sein", ohne ein Gegenüber, das ablenkt, die vollste Konzentration auf sich selbst gibt einem die Ruhe und die Kraft, seine Umgebung wahrzunehmen, die Landschaft zu sehen, die sich ständig verwandelt, die manchmal an eine andere erinnert, vielleicht an eine aus der Kindheit, oder an eine Reise, Erlebnisse und Menschen finden sich darin... Noch intensiver bleiben Gerüche - Düfte bringen viel zurück - erzeugen oft ein bestimmtes Heimweh nach der Vergangenheit.
Ich rieche die Jahreszeiten - blühende Wiesen, heiße Stoppelfelder, reife Äpfel, Schneeluft ...
Gerüche sind fast unveränderlich.
Meine Umgebung ist für mich immer reizvoll und herausfordernd, da ich Augen und Ohren offenhalte, entdecke ich ein Land voller Kontraste und Leute von sehr unterschiedlicher Mentalität und Lebenseinstellung.
Ich fahre am Nachmittag durch ein verschlafenes Dorf, wo alte Frauen und Männer in schwarzer Kleidung auf dem Bankerl vorm Haus interessiert meinem Auto nachblicken, wo glückliche Hühner gackernd auch die Straße bevölkern - sich die Aufstellung eines 30km/h Begrenzungsschildes daher erübrigt - ich verlasse diese Idylle über die Bundesstraße und erreiche in zwei Minuten die große, weite Welt, die sich mir in Form eines Vier- und eines Fünfsternehotels mit Golfplatz, Tennishallen und exclusiven Badelandschaften eröffnet.
Das internationale Flair ist spürbar - zumindest tun alle hier so - und ich bin sicher, dieses Gebäude könnte überall auf der Welt stehen, es würde genauso aussehen, sich genauso präsentieren - abgesehen von ein paar Abweichungen vielleicht, die die Speisekarte betreffen, das Angebot der verschiedenen Tageszeitungen oder den Inhalt der großen Obstschüssel in der Empfangshalle.

Irgendwie bleibt das unangenehme Gefühl, daß hier etwas in die Landschaft gestellt wurde, was nicht hierher gehört und daß der einzige Zweck dieses Urlaubsparadieses Geld und Geschäft ist. Ich tröste mich damit, daß dies in hundert Jahren niemanden mehr auffallen wird. Denn dann ist es auch immer schon dagewesen - so wie dieses Dorf, nur einige Autominuten entfernt - doch welch ein Gegensatz!
Daß ich nun auch im vereinten Europa wohne, erkenne ich vor allem daran, daß in der Stadt und im Bezirk viele fleißige Leute damit beschäftigt sind, die gelben Bodenmarkierungen auf den Straßen mit weißer Farbe zu übermalen. Genau diese gelben Streifen waren es, die mir nach einem Auslandsaufenthalt immer bewiesen, daß ich wieder zu Hause war. Wenn man mit dem Auto die Staatsgrenze nach Österreich passierte, veränderte sich die Landschaft nicht sehr plötzlich, aber diese Straßenmarkierung war immer sofort gelb. Damit ist es jetzt wohl vorbei!
Warme Sommerabende prägen sich besonders ein, da wir davon hier sehr wenige haben. Man hört das Knistern von Lagerfeuern, und der Duft von Gegrilltem weht über die satten, grünen Gärten. Die Kinder nebenan spielen „Alle Jahre wieder“ auf der Blockflöte. Bei günstigem Wind untermalt der ferne A2 - Motorenlärm das abendliche Konzert.
Alle Fensterscheiben des Hauses erzittern und drohen zu zerbersten, wenn Hubschrauber auf dem benachbarten Kasernengelände starten und landen.
Die einsame, alte Frau, die gegenüber dem Eingang des Supermarktes wohnt, ruft den Leuten, die vom Einkaufen kommen, zu: „He, sie do, wissn`s, wea gschtoam is?“
Die Gerüchte wollen nicht verstummen, daß mein vertrauter Greißler um`s Eck, dort, wo meinen kleinen Kinder einkaufen lernten, demnächst für immer zusperren wird.
Wir bestaunen den 100jährigen Burgenländer, der hier wohnt, wenn er die Gasse entlangspaziert.
Unter dem Titel „Heimat“ erschien im April 95 folgender Artikel von mir in einer Bezirkswochenzeitung:

HEIMAT

Ich wohne im Südburgenland.
Im Südburgenland gehen die Uhren anders.

Hier ist ein Plastikeisbecher in Form eines Daisykopfes Geschäft,
und nicht umweltbelastender Plastikmüll.

Hier geht man ins Kino, um nicht denken zu müssen, und nicht, um eventuell über den Film nachzudenken, von Diskussionen darüber ganz zu schweigen.

Hier fragt dich die Verkäuferin in der Buchhandlung, wenn du das Tagebuch der Anne Frank bestellst, wer es geschrieben hat. Von den Wahlverwandtschaften hat sie nie gehört, und Zarathustra kann sie erst beim dritten Versuch aussprechen, ohne zu stottern.

Hier findet man es ungewöhnlich, daß auch Zwölfjährige schon selbständig genug sein können, um sich mit Freunden morgens im Cafe zu treffen.

Hier machen die Zwei- und Dreikindfamilien, die etwas auf sich halten, einen Sonntagnachmittagsspaziergang durch die Stadt, selbstverständlich in Sonntagskleidung.

Hier wirst du belächelt, und man tippt spottend mit dem Zeigefinger gegen die Stirn, wenn dir auf einem Plakat über eine Geschäftseröffnung drei Rechtschreibfehler auffallen.

Wenn du dann noch wagst zu erwähnen, daß du gerne Opernarien hörst und Gedichte liest, dann bist du sowieso schon unten durch.

Spätestens jetzt hast du begriffen, daß du bestimmt verschweigen mußt, daß du darüber auch schreibst.

Ich beginne mich zu fragen, ob es mir anderswo auch so ergehen würde, vielleicht liegt es ja an mir,
und nicht am Südburgenland.

Die Reaktionen darauf waren höchst unterschiedlich. Von peinlichem Schweigen und „Darüberhinwegsehen“ bis zu schweren, persönlichen Vorwürfen erlebte ich so ziemlich alles.
Man warf mir schlechten Journalismus vor, Intoleranz, daß ich damit das gesamte Mittel- und Südburgenland der Kulturlosigkeit bezichtige und daß ich jetzt mindestens fünftausend Feinde hätte!

Einmal mehr wurde ich belehrt, daß man hierzulande besser für sich behält, was man sich so denkt.

Neben einem anonymen Brief eines anonymen Vereines, in dem ich beschuldigt wurde, das Kulturangebot der Stadt gering zu achten, und vielen verdeckten Anspielungen fand sich aber auch ein Burgenländer, der ganz herrlich darüber lachen konnte.
Ihm möchte ich an dieser Stelle besonders danken. Er bewies mir, daß hier auch humorvolle Menschen mit gesundem Selbstbewußtsein wohnen.

„Rust“ *Joseph Horvath*

Heimat Dorf. Ein Umsinnen

Siegmund Kleinl

Das Mittelalter war schon spät, aber es war noch, als. Im Dorf war es, das sich vom letzten Großkrieg gerade zu erholen begann, mit einem schwachen, gelbsüchtigen Straßenlicht ohne Autos darin, besonders nachts nicht. Wohin sollte einer fahren, es gab nichts, wohin man fahren konnte, alles lag an der Grenze, als.
Die Grenze füllte sich mit Flucht, mit Fluchtkörpern, die sich rasch verflüchtigten, hierzulande oder dort drüben, da.
Dort drüben sah es aus wie herüben: Die Häuser hatten Giebel, und darunter war Stroh, unter dem Holzfußboden war Lehm, und da wohnten Menschen, in einem Ofenraum und einer Stube. Und in der Stube stand ein eisernes Bett. Da lag eine Frau, und es dauerte nicht lange: Da lag ein Kind neben der Frau. Es war zum Glück ein männliches Kind. Das richtige Geschlecht trug damals noch viel zum richtigen Glück bei.
Es war ein glücklicher Herbst mit einem großen Gewicht an Weintrauben, als das geschah. Es ist geschehen, denn es hat nicht aufgehört seither. Und weil das Kind, wie jedes damals, ein Engel war, ein schöner Fingerzeig Gottes, gab man ihm den Botennamen. Das Kind war eine Botschaft durch und durch. Seine Augen sagten noch nicht viel, aber sie sagten: Es gibt den Himmel. Der Mund sagte nichts. Er sagte: Ich bin offen für das, was ich in der Welt bekomme. So hat er es später gesagt, als es wieder Hunger hatte. Einen anderen als anfangs, nein, keinen geistigen, er hat ja Bücher, Bücher hat er, hat Bücher, und den Geist darin, den hat er mit den Augen in sich hineingelesen. Ein großes Lesegewicht war es, das er da in sich hatte. Und immer trunkener war er vom Geist, der ihm zunehmend Gewicht gab, ihn beschwerte und von dem er nie mehr loskommen würde. Er wollte es auch nicht, nicht im geringsten. Er wollte die Schwere des Geistes. Sie erleichterte ihm nichts, aber schließlich erleichterte sie ihn. Er wurde immer metaphysischer, immer mehr sein Name. Als Kind war er sein Name viel weniger als jetzt. Er war fast nur Körper als Kind. Und der Körper sagte nicht viel. Und doch sagte er alles: Ich bin ein einziges Bedürfnis. Ich bedarf meiner. Ich bedarf euer. Aber nicht jedes. Nicht jedes Gesicht war ihm ein Sehbedürfnis. Wenige nur.

„Fenster zum Erfolg" *Peter Mraz*

Jetzt sind es noch weniger, vermute ich. Ich kann viel sagen über ihn, weil ich ihn von Anfang an erlebt habe und weiter erlebe. Wie weit?
Bis dahin. Wo es wieder einen Abend gibt, wie es ihn nie gegeben hat.
Wir sitzen in der Stube. Es ist heiß in ihr von siedendem Fett. Und da passiert, was ihn schon längst nicht mehr sein ließe, wenn nicht die Hand. Überall sind Hände. Aber nur selten greifen sie so ein in eine Geschichte. Sie greifen immer so ein, daß etwas geschieht. Damals haben die Hände eingegriffen, daß nichts geschieht. Die Verbrennungen waren gering, wenn man, wie man tat, bedachte, daß die ganze Haut beim Sturz ins siedende Fett verbrennen hätte können. Hände und Haut. Damals. Hände. Haut. Heute. Kein und zwischen des einen Hände und des anderen Haut.
Sätze beginnt man nicht mit und, und man verbindet sie auch nicht mit und, schließlich verbindet man auch nicht Wörter mit und, und natürlich bleiben da nur noch Wunden in den Sprachzwischenräumen. Unverbundene Wunden in unverbundenen Sprachzwischenräumen, sodaß nur noch das Sprechen über die Sprachzwischenräume hinweg nicht schmerzt und Gabriel nicht aufhört zu sprechen, er hört auf zu sprechen und spricht schreibend, ohne aufzuhören, denn hört er auf, ist der Schmerz da, der Schmerz, der einer ist, wie wenn man die Haut einer Hand nicht berühren kann, über die es so viel zu sagen gibt, aber man kann nichts über diese Hand sagen, weil er sie nicht berühren kann, er kann sie berühren, und sein Wille ist nichts als berühren, ist mein Wille, und so nahe daran bin ich, daß nichts mehr dazwischen ist, es ist nichts zwischen innen, so hat das Gnadenlos entschieden, es hat das h ersetzt durch ein n, das Gnadenlos ist eine Sprachverfahrenskünstlerin, durch sie kann er erfahren, was Hand anlegt. Er legt eine Hand an sich an und die andere an eine andere Hand nicht. So bleibt seine Hand allein und schwitzt, um sich davor zu schützen, einmal nicht allein zu sein, in seinen Handlungsfreiräumen eingeschränkt zu sein bis zur Fremdhand. Aber ist das eine Fremdhand, die sich nähert und dich rettet? Aus dem Siedenden. Siedend stellte man sich die Hölle vor. Aber welche Hand greift in die Hölle?
Das Fingerverbrennen war eine wirksame Drohung, ist eine, unwirksam geworden. Finger verbrennen konnte man sich von klein auf durch Berührung. Und war ein Berührungswort und deshalb wie eine Sünde. Es ist bis heute eine Sünde geblieben oder ein Unwort. Unschön, unnötig, unwesentlich. Jedes Unwort ist eine Sünde, deshalb ist die moderne Literatur die

Hölle. Die Literatur, die jetzt geschrieben wird, ist nur eine Unliteratur mit ununterbrochenen Reihen von Unwörtern, so dicht, daß sie keinen Sprachzwischenraum mehr lassen oder nur noch Sprachzwischenräume. Es ist eine Literatur im Wunden. Da setzt sie ein. Im Sprachzwischenraum setzt sie ein und sagt und und sagt alle Wörter, die ihr einfallen, nicht nur die gefallenden. Vor allem die gefallenden und die ständig fallenden und ersetzt sie. Und nicht nur immer fallende Worte ersetzt sie, sie ersetzt alles, was gefällt oder gefällt wird. Eine Gegengefällliteratur. Das ist der Fall. Und ein literarischer Fall ist nun das einstige Kind. Mein Fall ist in kürze dieser, schreibt Gabriel:
Die Worte erstehen mir wie vom Zerfall gelöste. Gelöst durch ihren Zerfall, der mit dem Jahrhundert begann.
Ich begann in diesem Jahrhundert kurz nach seiner Mitte. Die Mitte war also schon überschritten, nicht in allem. Aber in der Jahrhundertzeit, die immer schneller wurde. Am Anfang der zweiten Hälfte war sie noch langsam wie ein Pferd. Gabriel saß auf einem. Auf dem Pferd sieht er die Welt von oben. Die Welt ist ein Hof, durch den im November Blut fließt. Das sonst immer verarbeitet wurde. Aber einmal hätte er es auffangen sollen, als es warm aus dem durchbohrten Fleisch kam. Angst selbst vor dem toten Fleisch. Und noch mehr vcr dem metaphysischen. Als er die hatte, wußte er gar nicht, daß das Fleisch in der Kirche gar nicht metaphysisch war. Auch das Blut nicht. Es war real gegenwärtig. Und so ist es bis heute. Aber dieses Land sättigen konnte! Die Augen, die nicht viel wahrnehmen, aber alles, was um sie herum war. Die Augen waren umgeben. Sie sahen nicht weit. Und daher auch nicht weiter, nicht fern. Warum ist die Sonne im Osten so rot? Wenn du einmal weiterschauen kannst mit deinem Kopf, siehst du es. Was? Den Stachel in ihr. Sie geht in Stacheln auf. Die sind aus Eisen. Und die wachsen aus der Erde? Ja. Aber bei uns nicht? Bei uns nicht.
Solche Gespräche gab es nicht, weil es auch andere Gespräche nicht gab. Es gab auch keine Bilder, die sprachen, als es mit mir anfing. Später schon. Aber da hatte sich alles verändert, ohne daß alles anders geworden war.
Die Wege durchs Dorf sind Straßen geworden, daher Wege, die niemand mehr geht. Vielleicht ein Einzelgänger. Es gibt nur einen Einzelgänger im Dorf. Bevor der Einzelgänger durch das Dorf geht, geht er um das Dorf herum. Er braucht Wiesen zwischen sich und den Menschen. Und Weingärten. Ein Wald ist nicht dazwischen. Obwohl ein Wald gut zwischen ihm und

den anderen wäre. Auch die Seinen sind andere für ihn. Er hat eine Reihe von Seinen, aus der er herausfällt. Niemand läßt ihn herausfallen, er ist ein Herausfall.

Jetzt bewegt er sich gerade auf einen Hochstand zu. In der Hochstandzelle hat er einen Blick auf das Dorf. Aber er meidet diesen Blick. Nie würde er das Dorf meiden. Er sieht es aus der Entfernung. Er sieht es sehr fern. Ferner, als er jemals sehen kann. Und aus dieser Entfernung ist es vollkommen eingedacht. Es ist ein eingedachter Fleck, der alles verdeckt, was darunter ist. Das Dorf ist eine Verdeckung. Diese Verdeckung gibt ihm den Blick auf das Dorf frei. Es ist natürlich ein poetischer Blick, also nicht einfach ein Blick. Langsam geht sein Blick in Bewegung über. Sein Fuß kämpft jetzt Schritt für Schritt, um sich eine Idylle zu ergehen. In der Annäherung ist das schöne Bild auf einmal da. Er geht schneller und vergeht sich dabei gegen die Idylle. Sie ist weg, noch ehe er sie erreicht hat. Was er erreicht, ist der Rand des Dorfes. Ein wenig innerhalb des Randes wohnt er. Es ist der äußerste Innenrand. Er ist gewohnt, in solchen äußersten Innenrändern zu arbeiten. Er kann natürlich nicht so weiterdenken, wie er denkt. Er muß jetzt schauen, daß er mehr sieht, als der denken kann. Aber das muß er nicht. Zwanglos ergibt es sich.

Das ist die Hauptsache. Er sieht, wie einer seinen Arm in die Hauptstraße schiebt und ihm die Sicht auf das verstellt, was er ihm zeigen möchte. Natürlich ist es nicht die Hauptstraße, was er ihm zeigen will. Denn jeder weiß, daß ich hier geboren bin. Mitten in der Hauptstraße. Mitten in einem Haus. Mitten in einem Bett, das da noch steht. Es ist aus Eisen und bettet keine Körper mehr. Es steht in seiner Geburtsstube. Das Geburtshaus wird aus unerfindlichen Gründen nicht weggerissen, wie er damals von der Familie, als er zehn war.

Aber daran denkt er jetzt nicht angesichts des Armes, der immer mächtiger wird, bis er erkennt: Der Arm zeigt sich selbst. Arm, denkt er, und je mehr er denkt, umso kleiner wird der Arm, bis er schließlich ganz verschwindet und eine freie Sicht auf die Hauptstraße gegeben ist. Die rechte krumme Häuserzeile, die linke. Er geht gerade durch sie. Er geht durch eine Krümmung. Die Krümmung ist eine, die das Dorf in sich vollzogen hat, seit so viel Außerdörfliches es zu entheimaten droht. Aber es hat das Fremde schon tiefer in sich als das Eigene, und daher wundert es keinen mehr, wenn ein Mensch wie er, ein Textkörper aus Kunstssprache, es fast leichten Schrittes mitten hindurch auf-

geht. Doch leicht kann der Schritt durch die Mitte des Dorfes leicht sein, da es ohnehin längst gespalten ist, weiß er. Denkt an das geteilte Fleisch am Schlachttag, denkt an die zwei Hälften des überirdischen Leibes, an seine zwei Leben denkt er. Hoc est enim corpus meum, Leib des Dorfes, mein Leib. Wie die alte Sprache zwei Welten verbindet, eine dürftige Naht, nicht mehr schließt. Es schließt sich das Dorf in seinem Rücken und geht vor sich nicht mehr auf. Nicht von selbst. Nie war es so gespalten geschlossen. Ist es immer gewesen. Keinem geht es auf, der nicht die Sprache hat. Es geht ihm auf in der realen Erfindung. Schritt für Schritt, mit dem Fremdkörper Sprache. Er erfindet das Dorf, das er vorfindet, und es gibt daher auch mehr Fremdkörper, als es dem Dorf schadet.
Blau in Schwarz setzen sich die Fremdkörper in der Nacht fest, erregen die Innenräume der Häuser, der Köpfe. Mein Kopf, von den Fernsehbildern in die Geheimnisse der Welt eingeweiht, teilt sie mit den fernsehenden Köpfen. In dieses farbige Blau getaucht, getunkt fast das Haupt, eint heilig-nüchtern bewegtes Leben-im-Bild sich mit weniger bewegten Alltagsleben, die so durcheinander sind, daß sie allein nicht sein können.
Das Alltagsleben tritt abends ein ins Blau der televisionären Häuslichkeit, es kommt aus der Vernutzung, die wehtut. Das Alltagsleben ist ja in einem richtigen menschlichen Körper real, und alles Wirkliche hat eine Stofflichkeit, ob es nun ein Akt ist, der bis ins Letzte ausgefüllt werden muß, oder ein mit Wissen vollzufüllender Schüler oder eine abgearbeitete Maschine, die Ersatzteile braucht, auch der Alltagskörper braucht sie, braucht Vorstellungen, ein anderes Licht, in dem er all seine Urwünsche ausbaden kann: Leben und gleichzeitig davor abgeschirmt sein. Mit allen Bewohnern des Hauses, des Dorfes, jeder für sich in seinem Wohnzimmer, versammelt sein vor gemeinsamen SinnBildern. Die Ereignisse der Welttage, die man versäumt, feiern, die Grenze füllt sich mit Flucht, mit Fluchtkörpern, die sich rasch verflüchtigen, die Erleichterung, nicht betroffen zu sein und doch Anteil zu haben am Weltgehalt, am Universum.
Blaue Blume Dorf: Wie duftet sie tags im Gemisch aus Autowärme, die es immer reicher durchzieht, und der Himmelsstrahlung, durch die der Körper alltäglichen Lebens sich atmet, mobil genug, um an keinen anderen zu stoßen, ihm bloß gestisch die Augen zu stärken, daß er wahrnehmen möge: Ich bin da. Und er nimmt wahr. Wie sich im Rücken der Menschen die Spuren

vernetzen, ein Geflecht entsteht aus Denken und Tätigkeit und Glauben, die jeder mit sich bringt: Jene, die dort in der Kirche aus dem Wort übergehen in ein Dasein aus Fleisch, und jene, die beim Wein sitzen und bei der Schlachtplatte an einem langen Tisch, einem. Der steht in einem Hof des Dorfes. Und auch, wenn ein komplexer Lärm um ihn herum blüht: Wir nehmen diesen Lärm hinein in unsere Stimme und schenken mit unserem Wort auch eine lautere Mitwelt. Lauter, geläutert in den Bildern, die aus uns kommen und sich vereinen mit den televisionären. Wie pulsen die elektronischen Zellen, werden Impulse, die alten Gewohnheiten mit frischen, ungewohnten Schritten zu begehen.

Und siehe: Das alltägliche Leben lebt sich aus sich heraus. Das, was ihm jeden Tag an Weltenergie bilderreich zukommt, läßt es allem um sich zukommen: Der Straße, die sich erschöpft ins Endlose verläuft. Der Tankstelle, aus der der die lebenbetreibende Triebkraft kommt. Der Kirche, die durch ihr Mysterium die Triebe verwandelt im Kult, sie kultiviert. Der Häuserzeile: Sie ist nun die gemeinsame Spur, auf der wir uns selbst sind. Den Gärten: Erst die alltägliche Wärme, mit der wir sie umgeben, macht sie zu Schutzräumen. Der Schule: Sie braucht das tägliche Gleichmaß und die kleinen Erregungen. Jeder Kunst: Sie verdichtet das Alltägliche zum AllTag. Der Kläranlage: Hier sammelt sich, was der Alltag verbraucht und ausscheidet. Das Alltagsleben gibt ihr zur Reinigung von seiner Energie. Natürlich jedem menschlichen Körper: Daß er leiblicher wird, sich leichter fällt, weil die Welt um ihn herum aus der Alltagslebensenergie Tragfähigkeiten entwickelt, die die televisionären Bilder hineinverwandeln in die Tätigkeit, das Denken, den Glauben. Daß es so sein kann, wie es im Wort ist, Im Sagen, im Erfinden, in Wirklichkeit ist es anders nicht anders. In Wirklichkeit ist er mittleren Alters. Und fängt an, irgendetwas daheim zu sein, wie man sagt. Wie man sagt, schreibt Gabriel nicht. Auch was man sagt nicht. Was er schreibt, fängt bei ihm zu Hause an, bei ihm zuhause zu sein. Wo anders? Auch anders wo. So wird es gewesen sein werden.

„Seewind“ *Gerhard Gröller*

Ein weißer Lebenslauf

Helma Bendix

Während der vergangenen Woche war es unsagbar heiß im Weingarten! Gott sei Dank bin ich von einer sehr haltbaren Umhüllung umgeben, die der sengenden Sonne widerstehen kann. Ohne diesen Schutz wäre ich hoffnungslos verloren. Selbst die kleinste Beschädigung meiner Haut hätte zur Folge, daß ich auslaufen würde. In meiner näheren Umgebung befinden sich ein paar grüne Blätter, hinter denen ich mich manchmal vor der Sonne verstecken kann. Zur Zeit bin ich mit Feuchtigkeit gut versorgt, da mein Stamm das ihm zur Verfügung stehende Wasser gerecht an mich und meine Geschwister verteilt. Momentan ist das zwar keine leichte Aufgabe, denn es herrscht akute Trockenheit, doch unsere Leitungen reichen ja bis in eine beträchtliche Tiefe. Ich glaube, es ist ein Glücksfall, daß ich in dieser Gegend gedeihen darf, denn ich habe mich prächtig entwickelt. Seit einiger Zeit fällt mir auf, daß die Sonne ihren Lauf verändert hat; es ist nicht mehr so heiß.
Darüber freue ich mich so sehr, daß ich ganz süß werde. Plötzlich geschieht etwas völlig Aufregendes. Man trennt mich von meinem Stamm, und ehe ich mich besinne, fliege ich in hohem Bogen in ein Gefäß. Dort halten sich schon etliche meiner Sorte auf; und wir werden kräftig durchgeschüttelt. Jetzt wird es aber eng. O weh, es wird immer enger, einige meiner Geschwister haben sich schon auf dem Boden des Gefäßes zerteilt. Jetzt fühle ich mich angesogen - es geht in rasendem Tempo in ein anderes Behältnis, das sich plötzlich zu drehen beginnt. Wir kugeln alle wild durcheinander und wissen nicht mehr, wo oben und unten ist. Ich spüre, daß etliche meiner Geschwister von mir getrennt werden. Hinzu kommt noch, daß wir wiederum zusammengedrückt werden. Diesmal allerdings mit so großer Wucht, daß meine Umhüllung platzt und ich durch kleine Öffnungen diese ungastliche Stätte verlasse. Ich laufe in ein Auffangbecken und kann mich kurzzeitig etwas ausruhen. Doch schon bald werde ich wieder angesogen und gelange durch eine Leitung in ein rundes Holzfaß. Meine Geschwister sind auch schon dort, und wir genießen die folgende Ruhephase.
Es müssen ein paar Tage vergangen sein, als mit uns eine eigenartige Wandlung geschieht. Waren wir vor kurzem noch brav, so sind wir jetzt alle in Auf-

ruhr. Dabei erhitzen wir uns derart, daß uns ganz warm wird. Zwischendurch lassen wir sogar Bläschen an unsere Oberfläche jagen. Nachdem wir uns in dieser Weise ausgetobt haben, ordnen wir unsere Bestandteile und trennen uns von dem bei unserer Schlacht angefallenem Abfall, der glücklicherweise auf den Boden sinkt und uns wieder klar und sauber erscheinen läßt. Man gönnt uns einige Zeit Ruhe, damit wir uns ganz säubern können und befreit dann den Boden von den für uns unwichtig gewordenen Stoffen. Endlich finden für längere Zeit keine Aktivitäten mehr statt. Eines Tages jedoch werden ein paar Geschwister, die sich gerade in der Nähe der Oberfläche aufhielten, in ein durchsichtiges Stäbchen gesogen und wir ahnen, jetzt ist es vorerst wieder mit der Ruhe vorbei. Und richtig, wir müssen unsere hölzerne Wohnung gegen eine aus einem Kunststoffmaterial eintauschen. Viel Zeit zur Umgewöhnung bleibt nicht; da werden wir gesogen, gedrückt, hin- und hergewirbelt und finden uns schließlich in fast durchsichtigen kleinen Glasbehältern wieder, die sich drehen und dabei vorwärtstransportiert werden. Es erfolgt ein kräftiger Ruck, und eine runde Baumrinde versperrt uns den einzigen Ausgang. Über ihn wird jetzt auch noch eine Hülle gestülpt - wahrscheinlich um die Baumrinde zu kaschieren. Als Abschluß bekommen unsere Behälter noch ein viereckiges weißes Papier aufgeklebt und ein rot-weiß-rotes längliches. Zu mehreren kommen jetzt die Glasbehälter in einen Karton, und ich stelle fest, daß Teile von mir an unterschiedlichen Orten einer ungewissen Zukunft harren.

Nachdem wir alle noch einmal kräftig durchgerüttelt worden sind, dürfen wir uns für einen längerern Zeitraum von den Strapazen der letzten Prozedur entspannen. An unserem Aufenthaltsort ist es angenehm kühl und ruhig. Nachdem die Kartons geöffnet wurden, können wir erkennen, daß wir uns in einem etwas schummrigen Raum befinden mit kahlen Wänden und einem Gewölbe. Ein Mensch kommt in unsere Nähe und ergreift unser Glasbehältnis, betrachtet das darauf befestigte Papier und trägt uns eine Treppe hinauf nach oben ans Licht. Er öffnet mit einem lauten Geräusch unseren Ausgang, nachdem er die verdeckende Hülle entfernt hat. Dabei erschrecken wir etwas, freuen uns aber auf die Möglichkeit, hinauslaufen zu können. Wir gelangen jetzt in einen Raum, in dem ein paar fröhliche Menschen versammelt sind. Wir erkennen ganz deutlich vor uns einen interessiert schauenden Herrn, der das Papier auf unserem Behältnis mustert. Er zeigt mit dem Finger auf uns und - wir spüren es genau - wir stehen im Mittelpunkt des Interesses. Jeder begutachtet uns und erlaubt uns, unsere letzte Heimstatt zu verlassen, um in ganz edle Weingläser zu laufen, deren heller Klang beim Anstoßen läßt uns schwingen. Jetzt beobachten wir die Menschen genau: an ihrem Gesichtsausdruck erkennen wir, daß ihnen bewußt ist, daß sie mit uns etwas ganz Besonderes genießen dürfen.

„Zicklacke bei St. Andrä“ *Josef Samuel*

Die Klage der Raab

Gottfried Pröll

Einmal in jedem Jahrhundert verläßt Poseidon, der Vater aller Gewässer , seinen Palast auf dem Grunde des Schwarzen Meeres. Mit seinem Zepter, dem Dreizack, durchstößt er den Wasserspiegel und steigt, auf einer silbernen Woge thronend, aus der Tiefe. Delphine verkünden sein Erscheinen. Dann scharen sich würdige Ströme, kraftvolle Flüsse und muntere Bäche um den Gebieter. Aus den Weiten Rußlands schreitet der summende Don heran. Mutige Flußknaben stürzen aus den Schneefeldern des Kaukasus-Gebirges; geheimnisvolle Flußmädchen tanzen durch die Steppen des Südens der Küste. Und aus der Mitte Europas eilt die Donau mit ihrer großen Familie herbei. Sie alle kommen, den Herrscher zu schauen und seine Worte zu hören.
Doch diesmal schweigt Poseidon. In seinem Antlitz spiegelt sich Zorn, als er die Versammelten betrachtet. Wie kommt es, daß seine Kinder schmutzig und übelriechend vor ihn treten? Sein strenger, strafender Blick schreckt die Flüsse. Die Drau, die sonst stets vom schönen Kärnten zu erzählen weiß, und der Inn, der immer sein Tirol besingt, sie weichen heute zurück. Da fällt das Auge Poseidons auf die Flußfrau, die gefaßt an der Seite der Donau steht. "Wer bist du?" fragt er. "Man nennt mich Raab, mein Gebieter", erwidert sie voll Ehrfurcht, doch ohne Scheu. Und er befiehlt ihr zu berichten.
"Vater der Gewässer!" Die Raab verneigt sich tief. "Ich entspringe den waldigen Bergen der Steiermark und hüpfe, von Felsenlümmeln gezwickt und gestoßen, hurtig zu Tal. Dort wandere ich gemächlich ostwärts. Ich ziehe durch Wiesen und Maisfelder, an Obstgärten und Weinbergen vorbei. Manchmal treffe ich auf den Wald, den kühlen Gefährten, in dessen Schatten Burgen und Schlösser ruhen. Früher einmal waren sie von Kriegsgeschrei und Waffenlärm erfüllt. Auch in den Dörfern und Städten, durch die mich mein Weg führt, gab es damals Kampfesgetümmel. Bei Mogersdorf und Sankt Gotthard tobte der Streit zwischen Christen und Türken wild über mich hinweg. Heute fließe ich hingegen durch friedliche Länder, durch ein kleines Stück Burgenlands und durch Ungarn. Da gesellen sich Lafnitz und Pinka, Güns und Rabnitz zu mir. Plaudernd erreichen wird die Stadt Györ, die einst meinen Namen trug, und dann vertrauen wir uns der Mutter an, die uns hierher bringt."

Dankbar blickt die Raab zur Donau auf, dann verneigt sie sich wieder vor dem Gebieter.
Aber Poseidon ist noch nicht zufrieden. "Sag mir", fragt er, "weshalb sind viele von euch so beschmutzt? Wovon habt ihr ölige Gesichter? Woher kommt der üble Geruch?" Da antwortet die Raab mit trauriger Stimme: "Ich klage die Menschen an, Herr, denen wir dienen. Sie lohnen es uns schlecht. Wohl haben wir ihnen manchmal geschadet, wenn wir voll Übermut über die Felder tollten. Wir geben unsere Schuld zu und bedauern sie. Es geschah uns recht, wenn wir gezähmt wurden. Doch, Herr, die Menschen werden maßlos. Sie jagen uns schnurgerade durch das Land, sie nehmen unseren Ufern Baum und Strauch. Unsere fröhlichen Freunde, die Vögel, verlassen uns, ihr Gesang verstummt. Und nicht genug damit! Die Menschen verachten uns, Herr! Sie beschmutzen uns, werfen all ihren Unrat über unser Ufer und besudeln uns mit giftigen Säften, die sie aus ihren stampfenden, rauchenden Häusern, den Fabriken, ausstoßen. Die Fische, unsere flinken Gäste, erkranken und sterben ..." Weinend bricht die Raab ihre Klage ab. Während ihrer Worte hat sich unter den Flüssen zustimmendes Gemurmel erhoben, nun ruft alles anklagend durcheinander; die Raab hat allen aus dem Herzen gesprochen.
Poseidon hat aufmerksam zugehört. Er kann den Gewässern nicht mehr gram sein, daß sie schmutzig vor ihn getreten sind. Tiefe Trauer zieht wie ein Schatten über sein Antlitz. Bald aber flammt neuer Zorn aus seinen meerblauen Augen, Zorn über die Menschen, und seine Stimme bebt, als er zu sprechen beginnt:

Diener ist das Wasser allen Wesen,
die es achten, seiner sich erfreu´n.
Wehe denen aber, die es schänden!
Allzubald nur werden sie bereu´n,
daß sie jenes Element mißhandeln,
ohne das für sie kein Leben wär´.
Wasser gab es einst in fernen Zeiten,
als die Erde noch war menschenleer -
Wasser wird es auch in Zukunft geben,
es wird auch die Menschen überleben!

Als sich sein Zorn gelegt hat, fährt er mahnend fort:
Menschen, hört, und nehmt es euch zu Herzen:

Was ihr Übles der Natur getan,
wird euch schließlich selbst am stärksten schmerzen.
Darum macht ein Ende eurem Wahn!
Achtet die Natur, der Erde Zier,
ihr seid selber doch ein Teil von ihr!

Die Wellen des Meeres tragen Poseidons Worte bis an die fernsten Küsten, die Berge wiederholen sie dort, Wind und Wolken nehmen sie mit über Land. Während der blauhäuptige Herrscher im aufschäumenden Meer versinkt, wendet sich die Raab zur Donau. Zweifel, aber auch sehr viel Hoffnung klingt aus ihrer Frage: "Werden die Menschen diese Botschaft hören?"

1. Preis

„Auf der Parndorfer Platte" *Rudolf Stummer*

Vom Apfelhüten in der Nacht

Johann Achs

Der Hunger nach dem Ersten Weltkrieg war eine Triebfeder zum „Stehlen". Dazu lockten auch unsere schönen Äpfel. Ein Baum im Satz, voller schöner Äpfel, gar nicht weit entfernt vom Haus unseres Großvaters. Die Gefahr, daß die Äpfel gestohlen werden, war groß. Deshalb entschloß sich der Großvater die Äpfel in der Nacht zu hüten. Bis Mitternacht blieb er beim Apfelbaum. Das Äpfelhüten war auch gefährlich. Die Großmutter erzählte mir und meinem Freund Paul, daß es schon vorgekommen ist, daß ein Äpfelhüter mit Stricken an den Baumstamm gebunden wurde und qualvoll leiden mußte. Obwohl wir erst 13 Jahre alt waren (1918) der Großvater erbarmte uns, wir waren entschlossen, ihn zu entlasten und gingen in der Vormitternacht hüten.

Ausgerüstet mit einer Decke zum Drauflegen, ein Stück Brot zum Apfelessen, Zigaretten, mit deren Rauch die Gelsenschwärme vertrieben wurden, zwei Prügel zum Verprügeln der Diebe, einen Schnurrbart aus den Haaren von Kukuruzkolben haben wir uns angelegt, um Respekt zu schaffen.

Es war noch nicht sehr dunkel, gingen am nahegelegenen Weg zwei Männer, trauten sich nicht uns anzunähern und pfiffen ziach v. wir waren ja auch gut ausgerüstet. Eines Abends, wir waren noch nicht lange beim Apfelbaum kam eine Frau in unsere Nähe mit einem Körbchen in der Hand und fragte, ob wir ihr ein wenig Äpfel verkaufen würden, sie wäre auch mit abgefallenen zufrieden. Wir schenkten dieser Frau einige schöne Äpfel und sagten: Wir meinen, daß es in der Natur so eingerichtet ist, daß die abgefallenen Früchte für andere Lebewesen bestimmt sind. Ganz besondere Gäste trafen in der Dunkelheit täglich ein. Es waren die Igel. Sie legten sich unter den Apfelbaum auf den Rücken, spießten mit ihren Stacheln die abgefallenen Äpfel auf und gingen davon. Wahrscheinlich brachten sie ihren Kindern ein Abendessen.

Große Sorgen um uns Buben hatten die Großeltern und Mutter, wie sie uns vom Apfelhüten wegbringen sollen. Viel später haben wir erfahren, mit welcher Schlauheit wir überlistet wurden.

Es war Mitternacht. Da kam ein lumpig angezogener verdächtiger Mann daher - immer näher. Eine brennende Laterne, Kette, Stricke bei sich und eine Pistole. Wahrscheinlich zum Anbinden der Apfelhüter an den Baumstamm.

Ich sagte zu meinem Freund Paul was meinst du? Wird es nicht gefährlich? „Rennen wir davon!" sagte er. Als wir zum Laufen anfingen, schrie dieser vermutliche Dieb: „Stehen bleiben, oder ich schieße".

Darauf sind wir noch schneller gelaufen - nach Haus - zu unserem Kämmerlein. Von da an sind wir folgsame Buben geworden. Äpfelhüten gingen wir nie mehr.

„Giebelfenster“ *Eva Bauer*

Pannonia seitlich hinter dem Rätikon oder Wie ich das Burgenland nicht bringen konnte

Franz Hannabauer

Was meine Erzählung mit Aesopens Fabeln zu tun hat, ist bald gesagt - ist aber fürs erste und für viele zunächst kein reelles Unterfangen, weil er ja nicht griechischer, sondern phrygischer Herkunft war (Beethoven ergeht es ja auch immer ähnlich) und weil in der Geschichte wohl alles schon dagewesen ist, sich aber nichts wiederholt; und doch: Sie (die Erzählung) kann es an Umfang leicht mit oben erwähnten Machwerken aufnehmen und wird diese um einige Sätze an Länge übertreffen.
"Und es begab sich ...", so hätte es der Pädagogenkollege aus dem Franz-Klammer-Erstsieg-Schiparadies formuliert, daß die immer schon willigen Westmächte letztendlich das "Njet" ihres Partners aufweichen konnten (oder waren es Figl und Raab ?), um den Staatsvertrag zu unterzeichnen, und der gegenüber Molotow recht unbekannte Herr Kandidat F. Hannabauer sein "stud.-päd." zur Reife führte. Doch selbst ein hochkarätiger Polit-Onkel wie "der Lentsch" (sein Elternhaus liegt von dem meinigen nur so weit weg, daß es selbst ein stark Betrunkener nach wenigen Kniefällen erreichen könnte) hatte dem unwillkommenen Überschuß an anstellungsheischenden Lehrern mit einem tröstenden Dienstposten kaum beikommen können. Händeringende Beteuerungen seiner Kondolenz - wie immer, wenn Politiker gerne hülfen - trösteten kaum bis zur Ausgangstüre des Amtsraumes hin, der plötzlich ganz fremd und selbst vom amtlichen Mobilar her schon abweisend erschien.
Und so ging es vom Wiener Westbahnhof hinaus gegen den goldenen, unbekannten Westen, die engere Heimat, der man ja so viele tüchtige pannonische Staatsbürger hatte erziehen wollen, mit jedem der unerbittlichen Schläge von den Schweißstellen der Schienenstränge herauf die Gegend "des" Sees immer weiter hinter sich lassend.
Aber dort drüben dann kamen die schönen Herbstmorgen im sanften Walgau Vorarlbergs, an denen ich die klaren, grüßenden Sonnenstrahlen über den romantischen Bergen hinter Bludenz erwarten konnte - in dem beruhigenden Bewußtsein, daß mit dem vertrauten Gestirn aus dem Osten alles Leben und aller Lebenssinn seinen Ursprung nimmt.

Es sollte noch besser kommen: Ich hatte mit meinem ersten Dienstort einen Volltreffer gelandet - ob in pädagogischer, ob in privater (mit echtem Familienanschluß) oder auch gesellschaftlicher Hinsicht. Bald schon hielt man mich auf offener Straße an und berichtete mit Eifer, man habe im Radio Erfreuliches über Burgenland gehört oder irgendwo höchst Interessantes über Rust gelesen (was mich noch heute eifersüchtig auf die selbstbewußten Freistädter macht). Andere kamen sogar ins Haus mit der Frohbotschaft, eines ihrer Kinder würde in absehbarer Zeit Burgenland aufsuchen; ob ich ihnen da vielleicht einen Tip geben könnte und ob meine Landsleute mit der alemannischen Sprache etwas anzufangen wüßten. Am Wirtshaustisch (zugegeben: eine Art willkommener Ersatzheimat) erzählten mitunter Burschen, sie seien irgendwo in der Nähe meines sicherlich sehr schönen Wohnortes vorbeigefahren, was ich ihnen trotz der an sich frohen Kunde übelnahm, weil sie nicht Rast gemacht hatten; wie konnten sie nur ...! Es folgte aber meistens Balsam auf die leicht schwermütiger Seele, wenn sie berichteten, wie sie “deanna” (in exotischen Weiten, bzw. Entfernungen) fleißige, gastfreundliche Menschen, überhaupt nicht kopfwehverursachende - eher appetitanregende - süffige Weine und überraschend vielfältige, deftige Varianten “schweinischer” Kost angetroffen hätten, was nur weltfremde Schlankheitsjünger nicht begriffen.
Fruchtbare Stunden pädagogischer Bemühungen erlebte ich reihenweise mit den emsigen und sehr anhänglichen Kindern, die die Behauptungen und Berichte inkompetenter Ländlebesucher über alemannische Gefühlskälte Lügen straften.
Es war in meinem dritten Dienstjahr - ich hatte mich längst eingewöhnt -, als ich mit Sorgfalt und nach vorangehender Einstimmung, wie damals in der 4. Schulstufe vorgeschrieben, “Du Ländle, meine teure Heimat ...” (die Landeshymne) einstudierte. Dabei ertappte ich mich hin und wieder dabei, wie ich hauptsächlich dem Sinn der letzten drei Worte des Liedbeginns nachhing. Mit den zum Großteil auch sehr musikalischen Schülern gelang denn auch in kurzer Zeit eine angemessene Hymne an unsere westlichsten Brüder. Da schnellte eine Hand hoch, und ein Knirps brachte den frenetisch beklatschten Vorschlag, ich möge doch auch “meine” Landeshymne bringen; ich erschrak und - lehnte aprupt mit eigenartig fremdklingender Stimme ab, versprach aber schnell, dies bei zufriedenstellenden Leistungen am Schulschluß nachzuholen. Warum ich - auch für mich selbst - so unverständlich schroff auf die

gewiß gutgemeinte Bitte reagiert hatte, sollte sich unabwendbar herausstellen, denn siebenundzwanzig Köpfen entfällt kein Versprechen - noch dazu das eines Lehrers.
Ahnungslos und mit den Gedanken, ehrlich gesagt, schon bei den Meinigen im fernen Osten an den Gestaden des Neusiedler Sees, teilte ich die Zeugnisse aus und stellte fest, daß sich die Schüler ungewöhlich rasch von den Auswirkungen der Noten erholt hatten und mit einemal still wurden, bis mich einer zaghaft an mein gegebenes Wort erinnerte:"Und jetzt, bitte, ...!" Nun war ich ja in der richtigen Stimmung und konnte also solch bescheidenem Ansinnen (so glaubte ich leicht überheblich) kompetent Rechnung tragen. Mit Stolz und kräftigem Baßbariton ging es bis "Fleiß und Redlichkeit" dahin, beim "Beet der Raab" stieg es warm in mir auf, um beim "Heiderand" kroch es wie Schwärme von Ameisen vom Nacken über den Hinterkopf hinauf bis zur Stirne nach vorne, mein Blick wurde seltsam trübe, mit nun schon glasigem Blick vermutete ich seitlich hinter dem Rätikongebirge mein Land, ich erreichte noch " ...du bist mein teures ..." mit Mühe und - konnte den Namen meines Heimatlandes nicht mehr nennen. Meine Zuhörer waren wohl noch zu jung, um mein erstarrtes Gehabe deuten zu können, hatten aber mit ihrem inneren Sensor sehr wohl mitbekommen, was einem ein "Heimat" - land wert sein kann, denn sie wagten eine Weile nicht (für mich eine Ewigkeit) zu applaudieren und spendeten anschließend den auch für sie erlösenden Applaus.
Seit jenem Juli 1958 (es folgt nun die meinem Berufsstande anerzogene oder vielleicht sogar angeborene Aktion einer Zusammenfassung, man möge sie mir verzeihen) bin mir sicher, daß man Heimat innen trägt und das äußere Ambiente diese wohl recht fotogen, heimelig oder für fremde Gäste besuchenswert kleidet, sie zu verkörpern aber nicht in Anspruch nehmen kann.

„Strohballen“ *Peter Barilits*

Die Großmutter

Ingrid Maria Linhart

Sie saß auf einer Bank under dem Haselbaum und strickte. Längst brauchten ihre Augen nicht ständig den Nadeln zu folgen, die sich durch die Maschen arbeiteten. Wie automatisch liefen ihre Hände dahin, ließen den Gedanken freien Lauf. Das grauweiße Haar war glatt nach hinten gestreift und hinaufgesteckt, das schwarze Gewand ein Kontrast zu dem eher blassen Gesicht. Wohltuende Augen blickten geradlinig und versonnen auf den Teich, der nicht unweit von der Bank still dalag. Weiter drüben ragten Felsen auf, deren Gipfel ein runder, mit Säulen umsäumter Tempel zierte. Einer des Fürstengeschlechts der Esterhazys hatte hier im Schloßpark in Eisenstadt seiner geliebten Frau dieses Denkmal gesetzt. Im Volk geht immer noch die Sage, die gute Leopoldine hätte sich vom Felsen ins Wasser gestürzt, die Historiker wissen nun, daß es nicht so war.
Der Platz war der Strickenden in den Siebzig einer der liebsten in dem weiten, so phantasievoll angelegten Park, in dem die Fürsten aus aller Herren Länder Bäume und Sträucher gepflanzt hatten. Besonders an den Teichen saß die Frau gerne, hier am Tempelteich oder am Maschinenteich oder oben am Obeliskteich. Neben dem Wasser sitzend, strickte sie sich ruhig von all den Sorgen, die ihr durch die Seele zogen und dem Schwersten, das ihr immer noch das Herz brach, wenn sie daran dachte - der Tochter, die viel zu früh ging. Unwiderstehlich drangen Tränen in die Augen. Sie wischte sie weg und blickte nach oben.
Dort baumelten zwei Beine aus dem Blätterwald. Ein strahlendes Kindergesicht lachte ihr entgegen. Wenigstens hatte sie das Kind. Und es sah der geliebten Tochter so ähnlich. Leicht war es nicht gewesen, die Kleine zu bekommen. In ein Heim wollte sie der Vater geben! Aber da wehrten sie sich alle dagegen, auch sein Bruder Karl und Lisl. Sie hätten die Kleine sofort nach Innsbruck genommen. Aber da war das Testament von Mutz, in dem sie schrieb: “Falls ich mit Tod abgehen sollte, soll das Kind von meiner Mutter aufgezogen werden.”
Wieder rannen dicke Tränen über ihre Wangen. ”Ach, Gott, warum hast du mir das angetan? Warum mußte dieses wunderbare Wesen so früh sterben,

mit nur siebenunddreißig? Sie - mein Sonnenschein. Jeden in der Stadt grüßte sie freundlich, hatte für jeden ein aufbauendes Lächeln und freundliche Worte. Auf den Bällen in der "Weißen Rose"- jetzt ist das sowjetische Informationszentrum drinnen - hatte sie bis in die Morgenstunden Tänzer. Manchmal brach das ungarische Blut durch, und sie sprang auf den Tisch und tanzte Csárdás. Busweise waren sie von Eisenstadt zur Beerdigung nach Mödling gefahren. Wie soll da ich nicht trauern? Nie könnte ich mehr helle Kleider anziehen! Unter schweren Bedingungen hatte ich sie zur Welt gebracht. 1905 zu einem Kind der Liebe ja zu sagen, war um einiges schwerer als heute. Er war Hauptmann der Husaren, ein Verwandter der adeligen Familie, bei der ich als junges Mädchen im Dienst war. Sie hatten mich auf den Hofball mitgenommen, mich dafür vorübergehend zur Gräfin gemacht. Er war von Budapest herauf gekommen. Noch heute sehe ich ihn sich in seiner schmucken Uniform vor mir verneigen, um mich zum Tanz zu bitten, seine stattliche Gestalt, die braunen Augen, die mir so freundlich zulächelten. Danach hatte ich ihn einigemale in Budapest besucht. Zum Heiraten war der Standesunterschied zu groß. Die Liebe fragte jedoch nicht danach.
In Ungarn gab es damals schon Möglichkeiten, das Kind nicht auszutragen, aber dagegen sträubte sich alles in mir. Neues Leben war entstanden. Ich spürte es von Anfang an und erlebte das überwältigende Gefühl einer tiefen, nie gekannten Liebe, die mich diesem heranwachsenden Wesen verband. Eine Liebe, die mir sagte, wie schön es sei, Verantwortung für ein neues Menschenleben zu übernehmen. Nie hätte ich dieses Werden abbrechen wollen. Eine Seele war in mich gekommen, hatte sich mir anvertraut, um zu einem wertvollen Menschen heranzureifen. Damals hielt ich es noch für normale Mutterliebe, die mir dieses Leben so besonders kostbar erscheinen ließ, später sollte ich erfahren, wie kostbar es für so viele war, die es kennenlernen durften. Und nun - ein so jähes Ende! Warum, mein Gott? Warum? Ich kann nicht begreifen, daß Du so etwas zulassen kannst! Zur Kommunion bin ich all die Jahre nicht mehr gegangen, die ersten Male merkte ich, daß ich nur in Tränen ausbreche, das wollte ich nicht.
"Komm jetzt runter, wir gehen nach Hause", machte sie ihrem Grübeln ein Ende. Die Kleine krabbelte flink vom Baum, während die Großmutter ihr Strickzeug zusammenpackte, dann flitzte sie los, noch einmal die Wiese hinauf, auf der sie bald schon mit Schiern heruntergleiten sollte. Dann kam sie

wieder auf den Weg herunter, spazierte mit der Großmutter durch die Kastanienallee. Die alten Bäume hielten ihre knorrigen Äste mit dem dichten Blätterwald wie ein schützenden Dach über die beiden, wie ein verlängerter Arm dessen, der in der Höhe Seine Arme schützend über die hielt, denen Er einundzwanzig gemeinsame Jahre zugedacht hatte. Die Kleine hatte die Hand der Großmutter ergriffen, und die alte Frau fühlte Liebe in ihr aufsteigen. Es schien ihr, als würde sie in der Liebe des Kindes auch die Liebe der Tochter neu erleben, und für kurze Zeit verstummte der Hader mit Gott und der Schmerz.

Nun waren sie beim Maschinenteich angelangt. Vorigen Sommer hatte die Kleine unter Anleitung des Nachbarbuben schon schwimmen gelernt. Holzpfosten teilten rundherum das seichtere Wasser für Nichtschwimmer von dem für Schwimmer. Ein Steg diente als Trampolin. Ja, früher gab´s das herrliche Institutsbad, in das sie hinein durften. Die Bademode war da noch sehr anders! "Wenn ich dran denke, wie der erste Schwedenurlauber mit einer Badehose ankam! Wie entsetzt waren wir da!", erzählte sie der Kleinen. Die hochgeschlossenen Badeanzüge mit über-die-Knie-gehenden Hosen waren schon schick. Die Frauen hatten dazu noch Badehauben mit Rüschen.

Nun war Eisenstadt viele Jahre ohne Bad, ein Parkbad ist schon eine Weile im Gespräch, ein ganz modernes, mit Sprungturm und Pritschen zum Liegen. Wann es wohl Wirklichkeit werden wird?

Sie wohnten nicht weit weg vom Hofgarten, wie der Schloßpark bei den Eisenstädtern heißt. Schon grüßten die drei Kastanienbäume herüber, die dem alten Bauernhaus Schatten und Zierde waren. Ein großes, rundes Tor wartete auf den hoch aufgeladenen Heuwagen, der die Fülle des Sommers hereinbrachte, ein kleines "Türl" ließ die Menschen ein. Für Großmutter und Kind reichte die Höhe, Größere mußten sich bücken. Die dicken Mauern standen fest im Boden, gaben den Menschen Kühle und dem Wein, der im Keller lagerte. Selbst ein Erdbeben, das es manchmal gab, konnte dem Haus nichts anhaben. Eine Schwalbe flog zwitschernd aus dem Nest über der Lampe in der Einfahrt hinaus an die Sonne, als sie nun eintraten. Der große Leiterwagen wartete auf den sommerlichen Einsatz und oder ihn bezeichnete eine quadratische Eisentür den Platz, wo das Heu in den Boden hinaufgegabelt wurde. Stiegen führten vom Hof aus hinauf. Den Kindern war dieser Heuboden der beliebteste Versteckplatz im ganzen Haus. Sehr zur "Freude"

der Hausbesitzer, die zum Glück im Haupthaus in der Haydngasse wohnten. Sie waren, völlig unverständich für die Kinder, der Meinung, das Heu würde nicht besser werden durch das Herumspringen darauf. Den einen Teil des Hofes überrankten Weinlauben, neben der Stiege war das "Holzgwölb", indem sie ihr Brennmaterial hatten. Eine kleine Ecke im Hof war als Blumengarten abgeteilt, und hinten wohnte noch die ebenfalls ledig gebliebene "Poldi Tant". Auf der drüberen Seite war es bäuerlicher, da lag der Misthaufen, und die Schweine grunzten hinter einem kleinen Verschlag, aus dem sie zwischendurch herausgelassen wurden. Sie machten sich dann auch gleich ans Aufwühlen des Lehmbodens in der Einfahrt und genossen ihre kurze Freiheit zu intensiver Bewegung. Beliebt waren sie auch zum Reiten. Die Kleine tat sich schwer, auf ihren Rücken zu kommen, während die um vier Jahre älteren Buben im Haus bereits eine rechte Fertigkeit entwickelt hatten.
Die Großmutter sperrte die Wohnungstür auf, und die Kleine sprang die Stiegen hinauf, gleich zwei auf einmal und zu ihren Spielsachen. Zwei Zimmer bewohnten sie hier. Schon im Sechzehnerjahr, als Burgenland noch zu Ungarn gehörte, war sie mit den Eltern und der Tochter hier eingezogen. Der Vater der Großmutter war Lehrer. Sie hatte nach einigen Dienstjahren in Wien die Schneiderei gelernt und sie später auch anderen Frauen in dieser Wohnung gelehrt. Vor dem Krieg hatte sie ein kleines Handarbeitsgeschäft im oberen Teil der Hauptstraße aufgebaut. Im Krieg hatte eine Bombe alles zerstört. Nur die Materialien blieben. Pullover, Deckerln, Teppiche und manch anderes war in den kommenden Jahren daraus entstanden. An dem großen Teppich, den sie verkauften, hatte sogar die Kleine knüpfen geholfen. Sie mußten sich mit allem helfen, Geld war rar. Den Gewerbeschein hatte sie nicht wieder bekommen, weil er aus der Hitlerzeit gestammt hatte, der Schwiegersohn zahlte wenig für das Kind.
Das „drinnere" Zimmer der Wohnung war niedriger und mit gewölbten Blaffond. Einige Stufen führten hinunter. In der kleinen Küche dominierte der gemauerte Herd. Die Wasserleitung hatten sie sich selbst einleiten lassen und sogar die Erlaubnis für das „englische Klo" hatten sie den Hausbesitzern nach einigen Kämpfen abgetrutzt. ...
Jahre später lag sie im Spital der Barmherzigen Brüder in Eisenstadt. Sie war mit den eingekauften Sachen die Stiegen hinuntergestürzt und viele Stunden gelegen. Kein Mensch hatte sie gehört. Erst die Enkelin hatte sie am Abend,

als sie vom Büro kam, gefunden. Das erste Mal in ihrem Leben im Spital! Noch vor ein paar Jahren wäre das das Ärgste gewesen, was sie sich vorstellen hätte können. Plötzlich war es gar nicht so schlimm gewesen. Sie hatte einen Platz am Fenster. Wenn sie sich hochzog, konnte sie ihren Blick die Esterhazystraße hinunterstreifen lassen, vom Gasthaus Wimmer schräg vis-a-vis bis hinunter zum Raiffeisenverband, wo die Enkelin nun schon vier Jahre beschäftigt war.
Fast sechs Monate war sie schon hier gelegen und nun der Schlaganfall. "Jetzt geht es mit mir zu Ende, nicht einmal zu dir hinüberschauen kann ich mehr", flüsterte sie der Enkelin entgegen, die täglich in der Früh kam. Eine halbseitige Lähmung ließ das Emporziehen nicht mehr zu, die Stimme war schwer geworden, aber unendlich sanft. Geschockt von dem äußerlichen Hinweis auf das mögliche Ende, versuchte die Enkelin mit in Tränen erstickender Stimme zu trösten. "Ach Oma, dann kommst du zur Mama!" "Wenn ich das nur sicher wüßte", meldeten sich Zweifel, aber eine gewisse Ausgeglichenheit war in ihr. Und sie sah, daß die Tränen der Enkelin, die am ersten Tag unaufhörlich flossen, am zweiten Tag bereits versiegten. Sie hatte nach dem Tod der Freundin im Vorjahr eine solch unerwartete Freude erlebt, die sie nur der Freude vergleichen konnte, in der jene nun wohl weiterlebte. Die Großmutter war mehr als eine Freundin, viel, viel mehr, aber der Gedanke an dieses Erleben half auch hier. So sahen beide innerlich ruhig und ohne Furcht dem Bevorstehenden entgegen.
Großmutters Lebensziel war erfüllt. Die Kleine war großjährig geworden, im August, und nun nahte schon der Tag, an dem sie sie vor einundzwanzig Jahren aus dem Spital in Mödling geholt hatte. In der Volksschule hatte sie sie bei sich gehabt und darauf geachtet, daß sie gut lernte. Als sie zehn war, hatte der Vater die Frau geheiratet, die schon lange mit ihm lebte. Er bestand nun darauf, das Kind nach Wien in eine besonders gute Schule mit Internat zu geben. Von dort konnte sie auch jeden Sonntag nach Mödling kommen. Die Kleine war aus ihrem Milieu herausgerissen. Sie war einfach aufgewachsen, hier im Kloster waren die "besseren Töchter" beisammen, unter denen sie keine Freundinnen fand. Das Heimweh nach Eisenstadt nagte, die Noten wurden schlechter und schlechter, sosehr ihr die Großmutter zuredete und schrieb. Nach vier Klassen Gymnasium rieten die Schwestern, das Mädchen herauszunehmen. So gab man es in die Handelsschule und in eine einjährige Haushal-

tungsschule. Danach gelang es ihr doch, die Enkelin herunterzuholen nach Eisenstadt. Nun hatte sie eine guten Posten in der Bank. Daneben war sie die Führerin in der Katholischen Arbeiterjugend. Die Beziehung zu Gott, Christus und Maria, die sie in ihr von kleinauf gehegt hatte, trug Früchte. Rosenkranz, Marienandachten und Wallfahrten hatten das tägliche gemeinsame Gebet unterstützt, und seit vier Jahren waren sie jeden Tag gemeinsam zur Messe gegangen. Seit der Erstkommunion der Kleinen ging auch sie wieder zur Kommunion.
Trotzdem waren die Jahre nicht leicht für sie, denn die Arbeit der Enkelin in der KAJ war verbunden mit spätem Heimkommen in den Nächten, und die Großmutter mußte alles dem Schwiegersohn gegenüber verantworten. Zum Glück hatten sie kein eigenes Telefon, im Geschäft gegenüber konnte er später am Abend nicht mehr anrufen. Aber wenn etwas passieren würde! Manche Nacht saß sie zitternd vor Aufregung im Bett, bis sie merkte, daß sie sich auf diese Weise gesundheitlich ruinieren würde, und was würde dann erst aus dem Mädchen werden? So stellte sie sich um.
Oft hatte sie umgedacht in diesen letzten Jahren. Heute fühlte sie, wie gut das alles war. Was ihr zuerst Ärger und Sorge war, bedeutete schlußendlich Segen. War sie verzweifelt über die Enkelin, konnte diese hören: „ Du bringst mich noch zehn Jahre früher ins Grab", aber oft auch gestand sie ihr: „Wenn ich dich nicht hätte, wäre ich schon längst vor Gram gestorben!" Jetzt, da das Leben nochmal in vielen Bildern vor ihr ablief, wußte sie, wie sehr alles Sinn gehabt hatte. „Näher, mein Gott, zu dir, näher zu dir", hatten sie heute morgen gesungen. Wie sehr klang es in ihr nach, fühlte sie es in Erfüllung gehen. „Vater, der einst mich schuf, hör´ meinen letzten Ruf: Näher, mein Gott zu dir, näher zu dir."
Dem Schwiegersohn hatte sie alles verziehen, was er ihr angetan hatte. Wenn die Kleine die unschönen Worte wiedergab, die er für „die Alte da unten" hatte, hatte sie sie zurückgewiesen: „Er ist dein Vater und er ist ein ehrenwerter Mann."
Aber diese zweite Frau! Immer wieder hatte es sie gewurmt, daß sie sich ins „gemachte Nest" gesetzt hatte, das sie und ihre Tochter finanziert hatten. Die Tochter hatte in der Kanzlei beim fürstlichen Anwalt schon gutes Geld verdient, während der Auserwählte gerade erst mit dem Studium fertig geworden war. So kurz konnte sie alles genießen! Aber wie schwer es der Stiefmut-

ter der Kleinen gefallen sein mag auf eigene Kinder zu verzichten, daran hatte sie nie gedacht. Er würde nicht Kinder von verschiedenen Müttern wollen, hatte der Mann gesagt. Er wollte überhaupt keine, das wußte sie nur zu gut von ihrer Tochter. Aber diese hatte zu dem aufkeimenden Leben gehalten, wie sie es seinerzeit getan hatte. Ja, sie war sogar in den Tod gegangen für dieses Leben. Die nachkommende Frau suchte zu ersetzen, dem Mann die Frau, dem Kind die Mutter. Wie oft mag sie selbst dabei zu kurz gekommen zu sein? Erst jetzt kam ihr das alles in den Sinn. Eigentlich wollten die Eltern heute herunterkommen, aber natürlich nur die Enkelin besuchen.
Da sah sie zwei Gestalten in den Saal kommen und auf sie zu, die an seinem Ende lag. Sie konnte es kaum fassen, die Enkelin kam mit der Stiefmutter.
Die beiden Frauen streckten sich die Hände entgegen. „Verzeihen Sie, ich habe Sie so falsch beurteilt", flüsterte die Großmutter der Stiefmutter entgegen. Diese verzieh gern und Tränen stiegen ihr in die Augen, denn sie war von tiefstem Herzen gut.
Als die Großmutter wieder allein war, fühlte sie, daß ihr Leben nun erst abgeschlossen war, da sie dieser Frau die Hand zur Versöhnung gereicht hatte. Plötzlich fühlte sie einen starken Stich in der Herzgegend und versank im Dunkel. Aber dahinter war strahlendes Licht, aus dem die erschienen, die ihr Leben geleitet hatten, Christus und Maria! Frei von jeder Körpergebundenheit zog es sie hin zu diesen strahlenden Wesen, die sie in ihrer Liebe einhüllten, und da tauchten auch andere ihr im Leben lieb Gewesene ins Licht: ihre Tochter, die Eltern, der Mann, den sie geliebt hatte und viele andere. „Herr, ich bin dein", sang es aus ihr, ohne daß ein Mund diese Worte formen mußte. Die „Märchenoma", wie sie die Freundin der Enkelin immer genannt hatte, war hinübergegangen in die strahlende Wirklichkeit jenseits aller Märchen.

„Haydnhaus“ *Lorenz Kröss*

Großvaters Geschichte

Gisela Halwachs

„Opa erzähl mir bitte eine Geschichte!" Wie oft hat mein Großvater wohl diese Worte gehört? Er konnte so wunderbare Geschichten erzählen. Manchmal, wenn meine Eltern abends ausgingen und er auf mich aufpassen mußte, erzählte er mir die halbe Nacht lang so spannende Geschichten, daß ich nie genug davon bekommen konnte.

So war es auch an diesem kalten Winterabend Mitte der Sechziger Jahre. Ich war damals etwa zehn oder elf Jahre alt. Es war der Stefanitag. Meine Eltern waren auf einen Ball gegangen. Ich saß mit meinem Großvater am Küchentisch und zeigte ihm meine Weihnachtsgeschenke, die er ausgiebig bewunderte.

„Opa, was hast denn du für Geschenke bekommen, als du noch klein warst?" wollte ich von ihm wissen.

„Ach Kind", seufzte er, „ich hab überhaupt nichts bekommen, kein einziges Spielzeug, ja, nicht einmal ein Zuckerl. Ich konnte mich als Kind nie satt essen. Kannst du dir das vorstellen?" Das konnte ich natürlich nicht. „Opa, erzählst du mir wieder eine Geschichte?" fragte ich nun erwartungsvoll. Er nickte. „Na gut", sagte er, „aber heute erzähle ich dir eine ganz besondere Geschichte, kein Märchen, sondern eine Geschichte, die sich wirklich zugetragen hat."

Er legte noch schnell einige Scheite Holz in den Ofen, sodaß das Feuer behaglich knisterte. Dann setzte er sich zu mir und begann zu erzählen:

„An einen milden Herbsttag im Jahr 1913 wurde Elisabeth Pieler zu Grabe getragen. Hinter dem Sarg ging ihr Mann Jakob, den Kopf tief gesenkt. Seine Haare waren über Nacht grau geworden. Er hielt seine beiden kleinen Kinder Franz und Jakob fest an den Händen. Seine anderen vier Söhne, die schon fast erwachsen waren, folgten ihm.

Jakob war sieben Jahre alt und Franz zehn, als ihre Mutter starb. Jetzt wurde es sehr still im Haus des Jakob Pieler, da die Mutter tot war und die vier älteren Söhne von daheim fort mußten, um sich ihr Brot selbst zu verdienen. Im Haus lebte noch eine alte Großmutter, die aber das Bett nie verlassen konnte, da sie gelähmt war.

„Schloßpark" *Peter Barilits*

Als im Juli 1914 der Erste Weltkrieg ausbrach, wurde der Vater zum Kriegsdienst eingezogen, da halfen auch die Bitten und Anträge des Bürgermeisters um Befreiung vom Kriegsdienst nichts. Nun waren die beiden Kinder allein mit der Großmutter und mußten die kleine Landwirtschaft führen. Sie mußten auch die Großmutter pflegen, weil sie sich nicht bewegen konnte. Franz lernte kochen. Die alte Großmutter gab ihm vom Bett aus, so gut es eben ging, ihre Anweisungen dazu. Er fütterte die Kühe und Schweine und wusch die Wäsche im Bach, der hinter dem Haus vorbeiführte. Jakob war für das Sauberhalten von Haus, Stall und Hof verantwortlich und er mußte jeden Tag die Kühe auf die Weide führen. Es ging ihnen sehr schlecht.
Doch es sollte noch schlimmer kommen. Eines Tages hatte irgend jemand das Strohdach vom Haus der Kinder angezündet. Man wußte nicht, wer es war, man wußte auch nicht, geschah es aus Bosheit oder auch Versehen. Zum Glück hatten beherzte Nachbarn die gelähmte Großmutter noch im letzten Augenblick aus dem brennenden Haus tragen können, und auch die Kinder hatten den Brand unverletzt überstanden, aber die Kühe und Schweine kamen im Feuer um. Alle Leute aus dem Dorf waren auf den Beinen und versuchten zu helfen und zu retten, was zu retten ist. Sie holten mit ihren Kübeln Wasser aus dem Bach und schütteten es auf die lodernden Flammen.
Endlich kam die Feuerwehr mit einem Pferdewagen angefahren. Doch es waren lauter alte Männer, denn die jungen waren ja im Krieg. Sie mußten das Wasser noch mit der Hand aus dem Bach pumpen und bis sie zum Löschen kamen, war schon fast alles niedergebrannt. Nur vier rußgeschwärzte Wände ohne Dach blieben stehen, so, als wollten sie der Gewalt des Feuers trotzen. Die Kinder standen fassungslos da und weinten. Sie zitterten am ganzen Körper.
Inzwischen war es schon finster geworden. Ein Nachbar bot ihnen an, in seiner Scheune auf dem Heu zu übernachten. Eine andere Möglichkeit gab es nicht, denn in den kleinen Häusern lebten sehr kinderreiche Familien, die oft selbst nicht genug Platz hatten und zu dritt oder zu viert in einem Bett schlafen mußten.
Die Kinder legten sich also ins Heu. Doch sie konnten keine Ruhe finden. Sie waren zu aufgeregt. Als sie endlich einschliefen, war es schon weit nach Mitternacht.
Am nächsten Morgen, als die Kinder erwachten, waren einige Männer gerade

dabei, die vier übriggebliebenen Wände oben mit Brettern abzudecken, damit wenigstens ein notdürftiges Dach vorhanden war. Später stellten sie dann ein altes Bett, das ein Bauer noch übrig hatte, in den Raum. Ein anderer Bauer brachte einen Tisch und zwei Stühle vorbei.
So hauste die kleine Familie nun Woche um Woche, Monat um Monat, in dem Loch, von der Nachbarschaft mit den allernötigsten Lebensmitteln versorgt. Und es kam Weihnachten, Weihnacht 1914. Doch da gab es keine Freude auf das Christkind. Die Kinder waren ohne Hoffnung. Sie kannten nur Entbehrungen. Ihre Körper waren ausgezehrt. Die Leute im Dorf konnten auch nicht viel geben, sie lebten ja selbst in Armut. Der Krieg hatte ihnen das Letzte genommen.
Am Heiligen Abend stellte ihnen eine Nachbarin einen kleinen Fichtenbaum, an dem einige Kerzen steckten, auf den Tisch. Sie legte Äpfel und Nüsse darunter, und auch ein paar Lebkuchenherzen waren dabei. Sie wünschte ihnen „Frohe Weihnachten" und ging. Dann waren die Kinder wieder mit der Großmutter allein. Als es zu dämmern begann, zündeten sie die Kerzen an. „Kinder, wir sollten beten", sagte die Großmutter. Sie beteten ein Vaterunser. Aber sie waren traurig. Sie mochten keine Weihnachtslieder singen, ihre Herzen waren leer.
Plötzlich hörten sie Schritte, schwere, langsame Schritte. Die Tür ging krächzend auf und unvermutet stand der Vater vor ihnen. Sie waren wie vom Blitz getroffen. Für einige Augenblicke herrschte lähmende Stille. Sie sahen sich nur schweigend an, unfähig, sich zu rühren. Endlich lösten sie sich aus der Erstarrung. „Vater", preßten die Kinder mit erstickten Stimmen hervor und flogen förmlich in seine Arme. Der Vater fiel weinend auf die Knie. Er drückte seine Kinder fest an sich. Sie hielten sich umschlungen. Man hörte nur ein tiefes, jedoch befreiendes Schluchzen, das hinausdrang in die Nacht.
„Pst, ist schon gut Kinder", sagte der Vater immer wieder, „ ist schon gut, ich bin ja bei euch."
Und dann feierten sie Weihnachten. Ihr Weihnachtsmahl bestand aus einer Tasse Milch und einer Scheibe Brot. Und um Mitternacht gingen sie glücklich und mit Zuversicht zur Mette und stimmten aus vollem Herzen in die Weihnachtslieder mit ein. Sie hatten nichts, doch in dieser Nacht fühlten sie sich reich.
Leider mußte der Vater nach vier Wochen wieder einrücken. Es war ein herz-

zerreißender Abschied. Die Kinder begleiteten ihn bis zum Ortsrand; eine letzte Umarmung, ein letzter Kuß, dann ging der Vater allein weiter. Die Buben standen lange da und winkten ihm weinend nach, bis er ihren Blicken entschwunden war. Leise vor sich hinschluchzend trotteten sie langsam heimwärts, allein mit der Hoffnung, den Vater irgendwann wiederzusehen.
Ein Jahr später starb die Großmutter, da war Franz gerade zwölf Jahre vorbei. Seine Schulzeit war nun zu Ende, denn damals mußten die Kinder nur sechs Jahre in die Schule gehen. Jetzt arbeitete er als Knecht bei einem Bauern, ohne Lohn, nur für das Essen für ihn und seinen Bruder.
Endlich war der Krieg nach vier langen Jahren zu Ende, und der Vater kam gesund wieder. Er baute das Haus neu auf, fand eine liebevolle Frau, die er bald heiratete, und Franz und Jakob bekamen noch eine Schwester. Doch ihre Kindheit war vorbei. Sie war ihnen gestohlen worden.
Jahre später mußten Franz und Jakob selber in den Krieg ziehen, in einen noch viel schrecklicheren Krieg. Und auch diese Jahre, die ihnen wieder geraubt wurden, konnte ihnen niemand mehr zurückgeben.
Ich hatte meinem Großvater aufmerksam zugehört. Jetzt saß er still da, tief in Gedanken versunken und seine Augen sahen so traurig aus. „Gell, diese beiden Buben, das warst du und Onkel Jakob“, sagte ich betroffen, denn ich hatte natürlich längst mitbekommen, daß Opa von ihm selbst sprach. Er nickte nur und streichelte mir zärtlich übers Haar.
Heute ist mein Großvater schon lange tot, aber ich erinnere mich noch gern an ihn und seine wunderbaren Geschichten und wenn ich an ihn denke, dann sehe ich manchmal nicht nur den alten Opa vor mir, sondern einen kleinen tapferen Jungen, der es wert war, geliebt zu werden.

„Sonnenblumen in Bad Tatzmannsdorf" *Manfred Eiszner*

Das langwadelige Marterl

Franz Unger

„Heimat, das ist sicher der schönste Name für Zurückgebliebenheit." (Martin Walser)
„Es ist nicht gut, keine Heimat zu haben." (Jean Amery)

Tomaselli in Paris. Wieder einmal. Der citoyen du monde beim Abendessen. Er saß vor dem Restaurant, beobachtete während des Essens das Treiben auf der Straße, wandte sich dem Glas zu. Ein Chardonnay. Ein herrlich schöner Chardonnay! Er überlegte, ob er eine zweite Flasche bestellen sollte.
Der Kellner, der Herr Ober, garçon!, ein Vietnamese, Dien Bien Pu (?) servierte asiatisch höflich die Nachspeise: omelette. Eine Palatschinke. Palatschinke? Hatte er, Tomaselli, sie bestellt? Er haßte Palatschinken. Als Kind schon. Immer wieder Palatschinken, weil sie so gesund seien! Die Mutter. Damit man groß und stark werde. Der strenge Vater. Im Biederreich. Als Östermeier ...
Ein Stück Heimat: Palatschinken.
In dieser südburgenländischen Landschaft, dieser beständigen Wiederholung der Hügel und Mulden, am Rande des Steppenlichts, laste so etwas wie Heimsucht, sei so etwas wie Heimsucht eingefallen, mit den Schwalben, im Frühsommer, brüte so etwas wie Heimsucht im Hochsommer mit den gebrochenen Augen eines alternden Lustknaben, so Tomaselli in Paris.
Heimat, wo Verlassenheit wuchere, Wucherungen in Löwenzahnmanier, dottergelbe Blumen auf Schläuchen, wo der Südwind weht, ein müder Föhn, das Eiklar über Gärten verteile, die Linde einhülle, zu Mittag, beim Mittagessen unter der Linde, auf einer verwitterten Buschenschankgarnitur:
Früher, früher hatten wir einen Buschenschank, wir schenkten den Wein aus, der hier wuchs: Noe, Uhudler, alte Traubensorten ... Ich könnte schöne Geschichten erzählen. Was da alles passiert ist! Der Großvater ...
Keine von meinen Töchtern ist in Petersdorf geblieben ... keine ... einen reichen Bauernsohn hätten sie heiraten können ... eine richtige Heimat: nein, Wohnungen haben sie angemietet, Wohnungen für billige Heimatträume, heimatliche Stundenzimmer ...
Heimat, wo man das Unglück feiern dürfe, wo man dem Unglück ein Denkmal setze, ein Marterl, das man hege und pflege, mit Blumenschmuck verse-

he, wöchentlich, das immer wieder enoviert werde, damit man das Unglück nicht vergesse, damit man das Unglück konserviere, haltbar mache, genießbar mache, durch Sterilisation ... durch den Tod. Durch Heimatlüge.
Im Wochenpendelschlag: am Sonntag in aller Früh stehe die Großmutter an der Multer. Die Multer? Aus dem ersten Bloch einer Ahorn gearbeitet, händisch, ohne Maschinen. Die Großmutter backe das Sonntagsgebäck. >Für die ganze Familie. Die Großfamilie. Mit der Beständigkeit und Zufriedenheit eines Grabsteins:
Treffen wir uns im Bermuda-Dreieck: zwischen Pinkafeld, Oberwart und Tatzmannsdorf. Am Freitag nachmittag: unserem Bierkistentag. Nachdem wir die Kisten umgetauscht haben, den wir uns erwandert und erheiratet haben ... auch mit den Frauen, wie immer: eine Hetz. Eine Gaudi.
... im Jahre 1890 wanderte Johann Wenzel aus Grodnau nach Chicago aus, 1884 Josef Loschy aus Markt Allhau, 1877 Josef und Elisabeth Puhr aus Redlschlag, 1863 Dr. Julius Magyar aus Oberpullendorf nach Mexiko (?), nach Brasilien (?), nach Chile (?) ...
wieder daheim in Bocksdorf. Regen fällt in eine blasse Landschaft:
Hätte ich Bocksdorf nicht verlassen, wäre mir Amerika als Heimat erhalten geblieben ...
wieder die Hügel- und Muldenwiederholung. Und Dörfer. Und eine Lärche, die das Kriegerdenkmal flankiert.
Die Lärche sei hier fehl am Platze, als flankierende Maßnahme. Die Lärche habe hier nichts zu suchen, sie sei hier nicht beheimatet.
Die Lärche sei der Schlafbaum für Waldträume, und Waldträume seien in diesem Hügeldasein unträumbar für Männer, die Männer, die wehrhaften, versammeln sich als Heimkehrer vor dem Kriegerdenkmal: Wissen um die Vergangenheit, ein schlechtes Gewissen, die Blockwartementalität, die Warte, der Wärter, Oberwart, Unterwart ...nein, nein, nein, für Gott und Heimat, für Heimat und Gott kneten wir den Teig für unsere Träume in der Multer, Multer (?), die ein gewisser Horvath aus dem ersten Bloch einer Ahorn geschlagen hat, mit Hacke und Stemmeisen, mit viel Schweiß, damit uns unser tägliches Brot beschert werde.
So der Zuchtmeister. Zu Allerheiligen. Im Dorfwirtshaus. Der Heimatwächter. Bei Verstandsschweinsbraten mit Gefühlssauce.
Heimat, deine Kinder ... deine Sterne ... sie funkeln:

Land zum Leben ...
ein Tisch zum Essen...
ein Sessel zum Sitzen ... zum Trinken ...
schließlich beim Schlachtenkreuz: Friedrich III. (entschlußlos?, bedächtig?) wird am 14. April 1459 hinterhältig und niederträchtig von den Truppen Sigismunds von St. Georgen und Nagys auf seinem Marsch nach Güns im Langelfeld, im Lampelfeld, im Pinkafeld überfallen. Matthias Corvinus ließ ein Marterl, ein Flurdenkmal errichten: ein langwadeliges Marterl. Das langwadelige Marterl.
Wir können heute noch stolz sein auf diese Begebenheit, auf dieses Unglück. Voll Stolz können wir heute noch auf die Türkengefahr zurückblicken. Voll Stolz auf unseren Stein ... Trinken wir darauf! Trinken wir uns zu Tode, damit sich die anderen zu Tode ärgern, weil wir uns zu Tode trinken ...
Natürlich: jedes Dorf, jede Kleinstadt brauche einen Zuchtmeister, der über „Privilegien, Freyhaitten und Exemtionen" wache, gut wache, der Nestbeschmutzer ausfindig mache, ein Denkmal für ein Denkmal setze, auch für sich setze, ein Denkmal, das außereheliche Kind der Heimat, als Experte für Bronzetafeln, als Experte für die Nachwelt, als Prähistoriker ..., der Hotterbegehungen vornehme, die Hottergrenzen im Auge habe, damit ja keine Zaunüberschreitungen vorkämen ... als Verantwortlicher für Wahrheit.
Tomaselli bat um die Rechnung. Das Trinkgeld war großzügig. Dien Bien Pu. Dien Bien Pu? Er verließ das Restaurant. Sie würde sicherlich schon warten ... Er habe sich nur ein Stundenzimmer für seine Heimatträume gemietet; er sei mit dem Mietzins im Rückstand; er erwarte jeden Tag die Delogierung per Gerichtsbeschluß.
Gerichtsstand: Oberwart. Oder Deutschlandsberg.

„Sonnenuntergang in Podersdorf" *Grete Bauer*

Die Geschichte vom Adler und den Zecken

Christian Putz

Es war einer jener Tage, an denen das Gras ganz besonders schnell wächst, die Fliegen übermäßig lästig und des Nachts Mond und Sterne ein bißchen größer und heller sind als sonst. Kurzum: Es war einer jener Tage, an denen Wunderbares geschieht und kein Mensch Notiz davon nimmt (und das ist gut so, denn die Menschen haben in ihrer Welt genug Probleme zu lösen). Wie bereits erwähnt, dieser Tag war einer der jenen, und tatsächlich, beim letzten Schlag der Kirchturmuhr geschah es: Alle Tiere der österreichischen Bundesländerwappen erwachten zum Leben und kletterten aus ihren Behausungen, mit starren Bewegungen erst, doch dann immer graziöser und mit weniger Befremden der neuen Situation gegenüber.
Schließlich unterhielten sie sich in einer Lautstärke, die leicht dem Lärm der Karfreitagsratschen gestrotzt hätte, alle waren sie nervös, denn sie wußten, daß sie nun endlich jenes Land sehen würden, für das sie bisher so würdevoll und stolz geblickt hatten. Die drei Panther konnten sich zuerst nicht entscheiden, in welche Richtung sie sich wenden sollten, die niederösterreichischen Vögel hätten darüber fast zu streiten begonnen, und der Tiroler Adler flog einige Male im Kreis. Während all dieser Zeit, da sich die anderen Tiere solcherart benahmen, stand der burgenländische Adler als einziger still da (er empfand nämlich, und dies konnte er sich überhaupt nicht erklären, Höhenangst und hielt sich deshalb verkrampft an seiner Bergspitze fest, doch die anderen wußten nicht darum und bewunderten ihn wegen seiner ruhigen, überlegenen Art; er kam ihnen überhaupt recht groß und fast ein bißchen übersinnlich vor, wie er so auf dieser Spitze stand und mit diesen beiden Kreuzen über seinen Flügeln). Nachdem sich der erste Rummel gelegt hatte, verließ er dann doch seinen Platz, er schlug einige Male kräftig mit seinen Flügeln, und schon war er in der Luft.
Wie ein kleines Kind freute er sich auf das Burgenland, besonders auf all die hohen Berge. Er meinte, die Bergspitzen müßten in Wirklichkeit noch viel schöner sein als jene auf seinem Wappen. „Nun werde ich endlich meine Heimat sehen", dachte er. Aus lauter Vorfreude flog er immer schneller, deshalb dauerte es nicht lange, bis zu einer Tafel kam: LAND ZUM LEBEN (BURGEN-

„Junge Surfer" *Rudolf Stummer*

LAND) stand darauf. Er war am Ziel angelangt. Doch Berge, richtige Berge, gab es noch keine zu sehen. Also stieg er höher auf und hielt nach ihnen Ausschau. Leider nütze auch dies nichts: Es gab einfach nicht mehr als ein paar Hügel und einige zu klein geratene Erhebungen. „Verdammt", dachte er bei sich, „jetzt müssen doch bald die Berge zu erkennen sein. Ob ich mich wohl verflogen bin?" Jedesmal, wenn die Hügel höher werden, schlug auch sein Herz höher, doch gleich darauf flachte die Landschaft wieder.
Er stellte sich die Reaktion der anderen vor, sollte es im Burgenland tatsächlich keine Berge geben. Sie würden ihn verspotten, dessen war er sich sicher. Es wäre eine unendliche Schande, er würde nie wieder wagen, so würdevoll und stolz zu blicken wie einst, da er noch auf seiner Bergspitze weilte, mit den beiden Kreuzen auf seinen Flügeln und von allen bewundert. Unerträglich heiß wurde ihm, als er daran dachte. Und erst als er noch höher flog, lief es ihm wieder kalt über den Rücken. Die Angst kroch in sein Gehirn, wie eine Zecke, die ihm die Fähigkeit zu Denken aussaugt, saß sie dort und verlieh ihm ein zweites Paar Flügel. Er flog so schnell, als wären Bienen hinter ihm her gewesen. Er stieg auf und flog wieder tiefer, flog nach vor und wieder zurück, flog hinein (in den Wald) und wieder heraus (aus dem Wald). „Ich muß die Berge finden, ich muß die Berge finden!" war das einzige, das er denken konnte, denn in seinem Gehirn saß die Angst, wie eine Zecke saß sie dort und saugte ohne Ende.
Es war bereits am späteren Nachmittag, als er sich vor lauter Müdigkeit nicht mehr am Himmel halten konnte und wie ein Stein fiel. Knapp über dem Boden konnte er glücklicherweise noch einmal seine Kräfte sammeln, sodaß er den Fall ohne gröbere Verletzungen überstand. Völlig ermattet lag er auf der Erde, ausgelaugt, und hätte es einer nicht besser gewußt, er hätte ihn für tot gehalten. Doch eine vollgesaugte Zecke läßt ab, und mit der Angst verhält es sich nicht anders. Dem Adler war es egal, hatte er doch alles unternommen, er war geflogen wie ein Besessener, hatte im ganzen Burgenland nach einem wahrhaften Berg gesucht, bis er nicht mehr weiter konnte. Er war einem Schwindel aufgesessen, hatte sich zum Narren gemacht, das sah er nun ein. Was er für seine Heimat gehalten, wofür er stets so würdevoll und stolz geblickt hatte, war nicht existent. Die nächste Zecke kroch in sein Gehirn: die Selbstaufgabe. Er bemerkte, daß er zu nichts mehr gut war, und aus lauter Kummer wollte er sterben. Und er wäre ohne Zweifel gestorben, hätte etwas

von ihm Besitz ergriffen, das noch mächtiger ist als Angst und Selbstaufgabe: der Trotz. „Warum eigentlich sollte ich sterben? Wenn sich meine Heimat nicht um mich kümmert, weshalb sollte ich mich dann um sie kümmern?“ Er wäre gerne mit einem Male aufgesprungen, doch seine Kräfte ließen es noch nicht zu. Langsam richtete er sich also auf und erkundete, wo er denn überhaupt sei: Er befand sich auf einem Hügel voller Weinstöcke. An ihnen hingen schwere Trauben, und diese trugen die Farbe des Himmels vor einem Gewitter. Der Adler näherte sich und kostete davon, und weil es gar so süß schmeckte, fraß er, bis er satt war. „Man muß das Leben nehmen, wie es nun einmal ist“, dachte er bei sich. „Außerdem sind die Bergspitzen zwar schön anzuschauen, aber die Weintrauben schmecken ohne Zweifel besser.“ Das eine hatte mit dem anderen zwar nicht das geringste zu tun, doch der Adler war zufrieden, und das war das Wichtigste. Als er seine Kräfte wiedererlangt hatte, schlug er kräftig mit seinen Flügeln und stieg auf. Dann betrachtete er die Landschaft noch einmal von oben, erkannte nun ihre Schönheit und erfreute sich daran (und die Sonne, welche gerade unterging, ließ sie noch schöner erscheinen).

Schon saß die nächste Zecke in seinem Gehirn: die Euphorie. Alles, was er nun sah, beglückte ihn. Er flog über die weiche, samtene Landschaft, und ihm wurde warm ums Herz. Er erfreute sich an den Wiesen, den Wäldern und den Feldern (und sie waren tatsächlich schön, auch wenn der Anblick der Maises mit der Zeit reizlos wurde), er erfreute sich an den Siedlungen der Menschen (und abgesehen von den Hochhäusern waren auch sie schön, doch der Adler pries auch die Hochhäuser). Er glitt über Flüsse und kleine Bäche und schließlich über einen großen See, und an all dem konnte er sich erfreuen (auch wenn der größte Teil der Flüsse und Bäche reguliert und der See voller Wiener war). Er flog noch ein Stück weiter, dann setzte er sich auf einen Strommast, und das Herz in seiner Brust lachte. Keinen Gedanken verschwendete er mehr an die anderen Tiere, er wollte nicht mehr zurück, er wollte hierbleiben, Weintrauben fressen und über die Landschaft gleiten. Er fühlte sich wahrhaft frei, streckte seine Flügel aus, so weit er nur konnte, stieß einen stolzen Schrei aus, sodaß die ganze Welt von seinem Glück erfahre und wirkte groß wie nie zuvor. Plötzlich schossen 380 kV durch seinen Körper (denn er hatte mit seinen Flügeln die Leitung berührt), und es rüttelte ihn wie einen Baum im Herbst, und wie die welken Blätter im Herbst fiel er sodann zu Boden.

Alle Tiere kamen wieder zurück, nicht aber der burgenländische Adler. „Die Bergspitzen im Burgenland müssen tatsächlich tausendmal schöner sein als jene auf seinem Wappen, so schön, daß er gleich dort blieb!“ sprachen sie zueinander, und alle beneideten ihn um seine Heimat. In Wahrheit hatte er weder einen einzigen Burgenländer gesehen, noch das Land wirklich erlebt, und was es heißt, eine Heimat zu haben, hatte er kein bißchen erfahren, denn die Zecken waren in seinem Gehirn gesessen, eine nach der anderen. Und eine nach der anderen hatte gesaugt.

„Kellerviertel“ *Jürgen Frank*

Wieder dahuam

Hans Neubauer

Rauchad und pfauchad tümmlt der Zu(g) eina in die Statioun! Die Bremsn quietschn und schrein, und nouch an gachn Rucker steht die Lokomotiv stüll und stößt nur mehr a poar softigi Pfugitza ausa van Käissl. Unter däin Schüppl Leut, däi oft gschafti aus die Waggountürn dränga, is heint ah der Leitner-Adi. Und däis is wuhl wos Söltsaoms, wal dersölbi seit etlichi Joahr kam mehr a Glegnheit zan Zugfohn hout, is er douh ols Gebirgsjäger ban Mülitär immerfurt af seini Füaß in die gnogltn Bergschuih drein aongwiesn, däi scha sou maoches Fleckerl fremder Erd ünter ihri Tritt loussn hobm. Und däis zizerlweis und ouft müahsali: Stund um Stund, mit'n Muli am Zügl, ba niadn Wetter, wia's a sih holt grod sou ergebm hout af däi stuanign und unsichern Wäign.
Oba hiatz hout sih douh amul as Blattl gwendt – kurz gsogt: Der Adi hout just vor Weihnochtn nouh an Urlaubsschein daglängt; und däis is a woahrer Glücksfoll gwäin, wal gleih drauf as Urlaubfohn scha wieder gänzlich eingstöllt gwordn is. Goutt sei Daonk is er dou scha-r-a poar hundert Kilometer weit van Schuß gwäin und glücksöli huamzuigrumplt. Iahm is dabei ollwal die biblischi Zählung ünter 'n Kaiser Agustus in Sinn kemma, hout er jo zeitweise ah mit'n Herbergsuicha sei liabs Gfrett ghobt af der laongan Roas. Fralih hout er sih destwegn a weng leichter taon, wal er allua gwäin is und dafür immer nouh a Winkerl gfundn hout, wou er seine müadn Glieder hinbettn hout kinna. A Soldot wird überoll schloufn, soubold er därf und der täglichi Gschützdunner nit z'überlaut gröhlt. –
Däis laongwaligi Umazouttln is oba hiatz vorbei, und der Adi is endlih sou guit wia dahuam, wann er gleih nouh aon die ocht Kilometer z'Fuiß roasn muiß. Wann ah – wos mocht iahm däis scha vül aus? Die Vorfreud treibt'n sou aon, daß die Füaß völli va-r-allua weit ausgreifn! In Kria(g) hout ma eigentlich a aondere Mouß, wann ma randweis in Gedaonkn huamtrocht't und richt sih dabei mehr nouch 'n Moun(d) und die Ste(r)n am Himml; wal, va durt oubm aus gsehgn, is's wuhl ollimul gläder huam als wia dou herünt af der Erd. Dou braucht ma nur nachts ban Poustnstehn seini Augn za däin kuglrundn Moun(d) aufihebm und sih oft denka, daß olli liabm Leut in der Huamat däin liachtn Himmlsgsölln hiatz a sou glod und glaonzad sehgn kinna. Oft gloust

„Grümmet“ *Albert Kriegler*

as Huamweh nit mehr sou brinnhoaß in der Brust drein, und ma schickt sih wieder a weng geduldiger in däis hoarti Muiß. –
Mit großi Schriatt geht der Adi dahin und is bold mit'n Näibl, der ollas dick einhüllt, gänzlih allua af der Strouß. A Frountsoldot hout eihgentlich kua Freud nit mit'n Näibl, wal ma dou ols Wochpoustn doupplt sou vorsichti sein muiß. Ma gsiaht nix, hört oba-r-af olli Seitn wos, däis uan verdächti vürkimmt und gaonz leicht aon 's Lebm gehn kunnt. Däis ewigi Spechtn und Lousn is uan dafür scha wia einibrennt und verluist sih goar dahuam nit sou gschwind, wann dou gleih nix mehr zan befürchtn is. – Randweis denkt er wieder zruck aon seini Kumradn im Kaompfgebiet, däi ah heuer wieder die Weihnochtn in ihri notign Ünterstand verbringa mäissn. Durt wird sih nit vül Festlichs tuan! A außerturlichi Markatenderwoar, Schnops und Zigarettn, wird's fralih gemb, oba dennah we(rd)n säi ledi trüabi Gedanka-r-as Herz und Gmüat schwa(r)mocha. Und va der „stülln, hochhalign Nocht" kinna s' gwiß ah nix woahrnehma, wal's im vedastn Obschnitt immerzui kramlt und krocht! Der Kria(g) schert sih jo an Tinnef um 's Weihnochtsevangöli und is mehr af der Seitn van Teufl, gstott af der va die Friednsengl zan findn. Es wa' oba scha höchsti Zeit, daß däi Großschädlatn in oller Wölt endlih einsachatn, wos für a sündboari Schaondtot sou a Kria(g) überhaupt is! Nur tuifs Load, Not, Öland und Trümmer loußt er am End va sein bluitign Sturmlaf überoll zruck, und däi vüln unschuldign Leut we(rd)n aon Leib und Söl roniert und mäissn ouft gmui goar ihr jungs Lebm hinoupfern. Däis is und bleibt die bitteri Woahrheit, wann's ah die Oubrigkeit mit ihr folischn Propaganda nouh immer o(b)laugnan möcht! A uafochi Vulk hout oba scha die Nosn vull van Kria(g) und tramt längst va däin Friedn af Erdn, wölchn die Engl sölbm ba der Verkündigung sou freudi aonpriesn hobm. Und daß Friedn und Huamat stoglfest zsaommghörn, woaß niamd besser wia die Soldotn in der Fremd, wal ma däis jo erscht richti empfindt, wann ma scha joahrelaong af olli zwoa verzichtn muiß! –
Hiatz schuibt der Adi urndlih aon ban Gehn, möldt sih douh mehr und mehr sei richtigs Dahuam scha aon. Wia's eppa seini Leut geht? Deutlih gsiaht er s' veder seina: Der Näihnl wird ban Kachloufn sitzn und fleißi ua Scheitl Hulz um 's aonderi einlegn, daß's schön wo'n bleibt in der Kuchl. Er is jo scha recht költnhoaklih in sein Olter. Houffentlich daholt er nouh vüli Jahrl in Gsund! A Pfüatn va iahm follt uan immer am schwa(r)stn, wal er niadsmul wehmüati klogt, säi zwoa sachatn sih hiatz zan letztnmul. Goutt gib's, daß däi Befürch-

tung nit gach amul Wirklichkeit wird! – Die Muitter wird grod ban Bocha sein, wal däis Gschäft sou knopp vor Weihnochtn wuhl am meistn pressiert. A Kletznbrot wird s' zanerscht bocha, und oft a Nußstrudl, Le(b)zöltn, Keks und Henibusserl; Bläi(ch) um Bläi(ch) vull daß Oufn und Röhrn nur sou glüachtn. Der Voter wird brummln, wal er olli Bout Hulz-hocka muiß, und die Muitter mit däin Umategerln souvül Soch veroarbatn tuit. Oba in der Ghuam wird er dennah hier und dou sou a süaßes Bröckerl mitgehn loussn, wann's a sih grod sou schickt, daß die Muitter nix bemirkt. – Die Schwestern we(rd)n der Muitter ban Bocha hölfn und zeitweis flicka, stricka oder hakln, dawal sih draußt um Haus und Houf schön laongsaom die Nocht mit ihrn Friedn niederbroat't. Sie is goar boarmherzi, die Nocht, und hüllt ollas saonft zui, wos uan togsüber immerfurt aufroazt und plogt. Sou kaonn ma wenigstns für a poar Stund olli Ängstn und Soargn vergessn und sih wieder die Kroft für an neuchn To(g) vull Houffn und Baongan huln. –

Der Adi steigt gschmeidi durch'n Wold zan Riegl aufi. Dou heroubm bloust a waxerer Wind wia ünt in der Ebm, und der hout af-r-amul däin lausign Näibl vertriebm. In der moundhölln Nocht, van Schneeliacht versülbert, gsiaht der Adi bold ah sei Huamatdörferl douliegn und schickt iahm mit die Augn an erschtn Gruiß entgegn! Die Häuser schmuga sih rundum sou gold za der Kiahra zui, ols tat'n s' durt Schutz suicha; just sou wia die Hüahnl ba der Henn, wann ouba säi der Geier seini Kroas zuhigt. Wa(r)n nit olli Liachter o(b)dunklt, wia's zwegn däi eisernen Geier, die Flieger, Nocht für Nocht gschehgn muiß, oft tat der Adi hiatz ah scha sei Huamatshaus zwischn die Bama dakenna. Er rost amul und faongt mit an laongen Blick olli Häuser ein: Ünter däi vüln Dächer wird's in die Stuban drein sicher nit überoll frohi Weihnochtn gebm! Der Kria(g) hout jo kam uan auslossn, wia er Joahr für Joahr gameri seini Soldotn zsaommkletzlt hout; oba vülmächti davoun rostn scha längst in fremder Erd... Ollas weiteri loußt sih leicht denka. —

Und oft steht der Adi endlih dahuam vor'n Tor! Der Foxl hout's gschwind gneißt, daß dou nouh a spouter Gost einawüll und hupft kollad daher. Er winslt wia narrisch ausi ba der Klüftn und gibt kua Ruih nit, bis as Tor ouffn is. Oft springt er in Adi aon, daß sih der kam dawihrn kaonn,toanzt mit großi Satzer in Houf auf und o(b) und wieder zui, zan Adi, und aon iahm in d´Höh, daß er däin straommen Soldotn schier über´n Haufn wirft! Es is scha wos Guits, sou a Empfaong, wann ma nouch laonger Zeit wieder amul dahuam as

Tor aufmocha därf! - Oba oft erscht däi Freud in Haus drein, wia s´durt großaugat däis Maonnsbüld in der földgrabm Mountur dakenna! Kua Wunder nit, daß iahm seini Leut nouch der Reih umán Hols folln und o(b)drucka, bis säi olli mitanaond die Augn wasseri we(rd)n. Wia sa sih oft kluaweis dafaonga hobm, hängt der Adi sein Rucksock ins Winkerl, schölt sih aus´n Maontl ausa und setzt sih zan Tisch. Durt sein s´ vorher olli rund um däin broatn Oachntisch versaommlt gwäin -- nur er allua hout gfahlt. Und hiatz is ah er dou und füllt däis laari Platzl wieder aus! Wann ah nur für etlichi Ta(g), oba wer froougt in sou an Augnblick scha danouch? - Die Spaonnung, däi in Adi bis hiatz ständi aontriebm hout, löst sih laongsaum va sei Söl.- Veder seiner liegt grod a Scherzl Kletznbrot, danebm steht der Krui mit Moust. Die Muitter schneidt iahm bedochtsaom an Zwickl Brot o (b)a, und der Voter schenkt´n an guldgölbm Moust: Ollas is nouh sou gschmacki wia früacha amul und stirkt ´n gaonz wundersaom. Däi vüln Aufregungen, Ängstn und Strapazn va die letztn Kaompfta(g) plogn af-r-amul seini Gedanka nit mehr, sein wia wegblousn und weit furt aus´n Sinn.- In däin Stuckn hout hiatz goar der feindsaligi Kria(g) kua Mocht mehr über säi olli mitanaond; und der Adi gspürt´s gaonz deutlih, wia sih a söligi Ruih in iahm drein broatmocht: Er is wieder a Zeitl dahuam, und hiatz kaonn´s richti Weihnochtn we(rd)n!

„Eisteich" *Friedrike Reismüller*

„Heimat Burgenland“

Theresia Klikovich

Gedankenpotpourri ...

Wir Burgenländer und Burgenländerinnen, im Herzen Europas beheimatet, sind glücklicherweise dank unseres autochtonen Völkerkonglomerats ein tüchtiger, urbaner Menschenschlag, der das Faustpfand unserer Ahnen entschlossen durch Zusammengehörigkeit und Vertrautheit im Miteinander hegt.
Diese harmlosen, seinerzeitigen österreichweit kolportierten B-Kalauer konsumierten wir mit Vergnügen, denn WIR haben unserer Heimat Burgenland die Exklusivität der faszinierenden, landschaftlichen Besonderheiten und Reize bewahrt, und jede Region unseres Landstriches signalisiert nicht nur die individuelle Mentalität seiner Bewohner, sondern auch die unterschiedliche Topographie.
Vernarrt sind wir in unsere Heimat und zwar zu jeder Jahreszeit, in dem 3966 Quadratkilometer großen, die Spektren der Farbskala umfassenden Harmonieflecken.
Auf Lichtungen im dichtbelaubten Hügelland erheben sich trotzig und phantastisch Burgen und Schlösser, welche wertvolle Kultur- und Kunstschätze beherbergen. Würdevoll und pittoresk plaziert sind Wallfahrtskirchen, Klöster und Dome. Herzenswarm ausgeschmückte Kapellen betreuen den Stippvisite-Wanderer seelenkundlich, und legendenhafte Bildstöcke mimen regungslose Heilige; Wegkreuze jeder Statur und Materialien säumen die Flurwege hin zu den prächtigen Weinbergen und modellieren Rebstockzeilen der endlos wirkenden Rieden und erinnern an Gelöbnisse oder Verunglückte und zeugen auch von unserer dankbaren Erdverbundenheit.
Leger in die Landschaft angesiedelt wurden auch unsere Wohngebiete und selbst unsere Landeshauptstadt Freistadt Eisenstadt -
welche das Burgenländische Zepter (LR) beherbergt
wo die Stadthalter residieren
die dekoriert wird durch Pontifikales
die als Schulstadt unserer jungen Generation die Route zur Elite weist
wo im Museum die „Unterberg-Tradition“ für Besucher belegt und illustriert

„Sonneblume“ *Johann SImon*

wird die mit globalen Resonanz - Huldigungen für Joseph Haydn Inszenierungen (im Schloß Esterházy) belohnt wird und wo zeitgenössische Weltstars ihre Virtuosität darbieten
wo Bedeutsames im Burgenländischen Landesmuseum ausgestellt wird
die ein modernes Landeshospital gewährleistet
die als „musterhafte Hauswirt“ für ein „ländliches „Alcatraz“„ fungiert
die sich als Einkaufsmetropole (vor den Toren Wiens) en vogue annonciert
die als Seminar- und Konferenzort frequentiert wird
wo die partnerschaftliche Hand sogar bis ins Land der aufgehenden Sonne reicht - Shido
- hat trotz permanenter, architektonischer Stadterweiterung nichts Rasterhaftes wie New York und bewahrt ihre charmante Ansicht. Visitenkarten unseres Bundeslandes sind aber ebenso die Bezirkshauptstädte Neusiedl/See, „Storchen“ - Freistadt Rust, Mattersburg, Oberpullendorf, Inform-Messestadt Oberwart, Güssing und Jennersdorf, die sich mit ihrem zeremoniellen Milieu, soigniertem, einladenden Aussehen ihrer Aufgabe für das Forum bewußt sind. Reklamefaktum fürs Land sind auch unsere populären, luxuriösen und erquicklichen Kurorte wie Bad Tatzmannsdorf, Bad Sauerbrunn, Kobersdorf und Lutzmannsburg die sich in der Rekonvalenszenten - Philosophie auszeichnen (diplomieren).
Wir fragen uns, wer der Primus inter pares ist, denn unsere Festspielorte brillieren mit ihren Aufführungen.
Ob mit Verwöhnten in Eisenstadt oder beim geschmackvollen Operettenrendevous im zauberhaften, „weißgetünchten“ Mörbisch, ob Burgtheaterreifes, Kennerhaftes in Kobersdorf, Güssing, Forchtenstein oder tiefgläubiges Laienspiel im St. Margarethener Römersteinbruch. Jeder empfängt SEINE standing ovations.
Sightseeing tours in alle unsere Orte wären obligat, denn die Gemeinden sind die Essenz zum Burgenland-Puzzle.
Neuhaus, Kukmirn, Moschendorf, Jabing usw., Orte mit adrettem Häuserspalier, das Dorfpanorama charakterisierend, Fenster mit colorierten Fensterfaschen, die Kontrast erlauben zu den an Fensterbrettern montierten Blumenkistchen, wo Setzlinge im nahrhaften Humus Belargonien - Fragilblüten entwickeln in rot, rosé, weiß und lila, in die Höhe getrieben für blickdichte Fenster sorgen oder hängend in Konkurrenz an langen Trieben turnen.

Da ist aber auch noch Stoob mit dem berühmten Töpferkunsthandwerk, oder Bernstein mit seinem Edelserpentin - (Jade) - Vorkommen, aber auch Frauenkirchen mit seiner Papstbasilika oder der archäologische Sensationsfund, der Zagersdorf zur ältesten Weinbaugemeinde Österreichs proklamiert.
Da gibt es die"in" - Cselley-Mühle in Oslip, wo laufend Fixsterne ihr völkerverbindendes Kulturprogramm anbieten, unser Angerdorf Trausdorf wo (meterologisch berechnet) die meisten Sonnenstunden im Jahr strahlen und wo symbolisch für unsere Dörfer ein piano plätscherndes Gewässer (hier die Wulka) beruhigend tief gebettet den Ort durchquert; wir haben das Beerendorf Wiesen mit genäschigem Gaumen- und rythmischem Jazz-Faible.
Die vielen Orte mit einladenden Winzerhöfen, die typischen Purbacher Weinkellergassen, den Türkenrauchfang, Mühlen, Freilichtmuseen sogar einen verloschenen Vulkan, unseren Pauliberg, und eine Windmühle in Podersdorf zum Bewundern oder Draßburg unsere Europagemeinde absolut in jedem unserer Dörfer und Städte ist kulturell immer „etwas los".
Die temperamentvolle, polyglotte Szenerie entflammt bei uns im Burgenland aber in den traditionellen, tiefverwurzelten Volksbräuchen unserer Landsleute.
Bei folkloristischen Darbietungen im bunten, dekorativen, regionalen Trachtengewand unserer Volkstanzgruppen mit ihren mitreißenden, geschmeidigbeschwingten Choreographietanzschritten, bei koketter Csárdás-Dynamik, bei der leidenschaftlichen, gewinnenden Fröhlichkeit mit geselligen Tamburizzaklängen und packend wehmütigen, berauschenden Liedern, beim vielstimmigen Chorgesang, bei prickelnd faszinierenden Gipsy-Weisen oder beim Dixiland-Sound der kasernierten Musizierenden.
Auch wenn die St. Georgener Bauernkapelle aufspielt, hört man zünftige Blasmusik vereint mit musikalischem Elan, oder bei turbulenten Jahresmärkten, an Kirtagen wo es kulinarische Leckerbissen gibt, bei Weinkostzusammenkünften, ideenreichen Erntedankumzügen, interessanten Feuerwehr-, Jagd- und Sportfesten, bei sakralen Prozessionen, wo demütig Glaubensbekenntnis und Redlichkeit „missioniert" wird und dann noch die Laientheaterspieler, rekrutiert aus der Dorfbevölkerung, mit viel Applaus motiviert auf Stegreifbühnen kostümiert im passenden Bühnenbild zum Gaudium der Zahlenden (Spendenden) agieren und mit charismatischer Entfaltung, aus in Possen und Schwänken die handelnden Personen treffend pointiert in Mimik

und Gestikulation ausdrucksstark porträtieren und amüsant Komödiantisches wie Professionelle schauspielern.
In gravierender, heimatlicher Behaglichkeit schwelgen unsere verwurzelte Boheme und die domilizierenden Poeten, Autoren, Künstler und Kunsthandwerker.
Sie sind Balsam für unser Renommée, illuminieren unsere burgenländische Seele, sind spontan die Unsrigen, auch wenn sie öfters kosmopolitisch ausschwärmen.
Denn die zahlreichen, instruierenden workshops, das Begutachten von exzellenten Objekten in Vernissagen und sich offenbarenden Symposien allerorts sind hierzulande unentbehrlich.
Als eine Komposition aus Schöpferkraft, eingebettet in der mit Salzlacken durchsetzten Pußtagegend, macht sich unser graugrün schimmender Steppensee breit, nährt im sumpfigen Schilfgürtel ein einzigartiges Vogelparadies, offeriert großzügig Behausungen für Wasservögel und kandidiert konstant für Zugvögel-Herbstmanöver.
Mit majestätischem Imponiergehabe stolzieren „unsere" Langbeine durch Sumpfwiesen und Heideboden vorbei an kleinen, ausgetrockneten Lacken, deren Sommersalzkrusten weiße Korallensäume hexen.
„Unsere Patrioten" im weißen Federkleid gastieren auch erwünscht auf Dächern in Rust oder Purbach und entzücken das Menschenpublikum. Harmonisch in die Steppe fügen sich Nomadenrinder und sind bedeutsam für die Landschaftspflege im Nationalpark.
Die Einmaligkeit der Flora und Fauna rund um unseren Neusiedler See beglücken Botaniker und Ornitologen international.
Wir sind stolz, daß bei uns in Stadtschlaining Frieden gelehrt wird und wir der Weltbevölkerung vermitteln, daß man „fremden" Leuten aufgeschlossen begegnet, Traditionen respektiert und dies nicht nur im Jahr der Toleranz!
Igen, dies ist ein Spiegelmosaikstein unserer Heimat Burgenland, und so nimmt das Gedankenpotpourri sein Ende mit einem vertrauten, herzlichen Z bogom.

„Rohrbacher Teichwiesen“ *Jürgen Frank*

Gruft

Albert Schuch

Dumpfe Geräusche, halb hölzern, halb metallisch, waren schon seit Tagen aus dem Inneren zu vernehmen. Die Dorfleute wechselten darob bedeutungsschwere Blicke, und wenn sie im Wirtshaus zusammensaßen, dann lösten sich allmählich auch ihre Zungen. Die wenigen, die Genaues wußten über die, die dort drinnen lagen, behielten es in der Regel für sich - umso mehr Gerüchte waren im Umlauf.
Den Verwandten wurde das pietätlose Getuschel bald zuviel, und sie beschlossen die schwere Steinplatte entfernen zu lassen und Nachschau zu halten. In Vertretung der ganzen Sippe machte sich der Herits-Vater auf den Weg ins Nachbardorf, um seinen alten Schulkollegen, den Totengräber Kaltenbrunner Sepp, in dieser Angelegenheit „anzureden", wie man hier sagt.
Der bat den seltenen, doch gern gesehenen Gast in seine Stube und entkorkte ihm zu Ehren eine Flasche roten Weines eigener Produktion. Der Herits-Vater nahm einen tüchtigen Schluck, lobte das Getränk zur sichtlichen Freude seines Herstellers, und kam schließlich auf sein Anliegen zu sprechen. Sicher, meinte er abschließend, es bedürfe nicht unbedingt eines Totengräbers, um die Deckplatte einer Gruft beiseite zu schieben, aber die Verwandtschaft sei sich einig, daß man diese Arbeit am besten einem bewährten Fachmann überlassen solle. Der Sepp gab zu bedenken, daß er in dieser Angelegenheit eigentlich nicht zuständig sei: die Gruft hätte der hiesige Baumeister errichtet, und Grabstein, Einfassung und Deckplatte seien das Werk des Steinmetzen Strosser aus Neumarkt. Das wußte der andere natürlich ebenso gut, und er wußte auch, daß der Sepp es nur der Ordnung halber erwähnte und der alten Freundschaft wegen den Auftrag sicher nicht ablehnen würde. So geschah es auch, und es wurde vereinbart, daß man am nächsten Tag um acht Uhr in der Früh bei der Gruft zusammenkommen werde.
Wieder daheim, unterrichtete der Hertis-Vater die Verwandtschaft vom Ergebnis seiner Mission. Wer kommen wolle, solle es tun, meinte er, fügte aber hinzu, daß es nicht unbedingt nötig sei, im Friedhof eine große Versammlung zu veranstalten und damit die Neugier der Leute noch weiter zu entfachen. Nach dem Abendessen holte er aus der Kredenz die Hauschronik hervor -

1900 vom „Naihl“ im Angesicht der Zeitenwende begonnen, füllte sie heute schon drei Bände von bis zu hundert Seiten. In seiner aufwendig-verschnörkelten Schrift hatte der „Naihl“ im März 1912 eine längere Eintragung gemacht:
„Heut morgn ist der Ferdinand, mein Ältester, in Gotts Namen auf Amerika hinein gefarn, mit seiner Frau Anna, einem Kofer Gwand und zwei Duchenten. Er will sich dort Geld verdinen und haben auch schon etliche von hier drinen ihr Glück gemacht. Josef, mein Zweiter, soll ihn auszaln von der Wirtschaft wie es sich ghört sobald ers leisten kann. Johan Herits, 19.III.1912“
Der Herits-Vater blätterte etliche Seiten weiter, bis er zu einer Notiz kam, die schon von einer anderen Hand geschrieben worden war:
„Gelobt sei Jesus Christus! Nach vilen Jahren endlich eine Nachricht von mein Bruder Ferdl! Er hat Arbeit in einem Stahlwerk in Pennslvanien, hat zwei Bübln, einen Franzl geborn am 16.XI.1922 und einen Hansl nach dem Vater getauft am 1.II.1925, grad so wie mein Hansl drei Tage später! Der Vater hat so eine Freud! Josef Herits, 11.V.1925“
Heimgekehrt von der Feldarbeit kam da die Herits-Mutter zur Tür herein und machte den gemütlich beim Tisch sitzenden Gatten sogleich darauf aufmerksam, daß draußen noch hellichter Tag und eine Menge Arbeit zu tun sei, und er solle am besten zuallererst die Schweine „abfüttern“. Der solcherart Getadelte hatte inzwischen schon den dritten Band aufgeschlagen, woraus er seiner Frau vorlas, was er selbst vor 24 Jahren dort eingetragen hatte:
„Den Ferdl-Onkel und die Nettl-Tant haben sie in Amerika auf Eis gelegt, nachdem sie wenige Tage nacheinander gestorben sein, schreibt der Frank. In zirka vierzehn Tagen kommen sie mit dem Flieger herüber, von Schwechat mit dem Auto herein. Dann werden sie in der Gruft begraben, die sie sich im Friedhof draußen haben baun lassen. So wars ihr letzter Wille. Heut haben wir sie schon in der Kirchen ausgeläutet. Johann Herits, 23.IV.1971.“
Ein großes Begräbnis wars, das ganze Dorf war da. Der Frank mit seine drei Kinder war da, aber nicht der John. Der Frank sagt, sie sind nicht gut miteinander, er meint, der ander ist ihm neidig, weil er mehr Geld verdient als Doktor, als John als Tischler.
Vom Kappler der Sohn, der unlängst in Amerika drinnen war, hat mir schon erzählt, daß die zwei zerstritten sind, er hat aber gesagt, dem Frank ist die Frau vom John zu minder gewesen, und er hätt sogar einmal mit dem Gewehr

nach dem John geschossen, um ihn von sein Haus zu verjagen. Wie kann man wissen, wer da im Recht ist? Johann Herits, 8.V.1971

Ja, meinte die Mutter, mit dem nichts-nutzigen jungen Kappler habe alles angefangen, wenn der seinen Mund gehalten hätte, dann würde es heute nicht einmal den zehnten Teil der Gerüchte um die Herits-Brüder geben. Da gab es Leute, die einmal im Kino oder Fernsehen eine Schießerei gesehen hatten und sich gleich dazu berufen fühlten, diese Gerüchte mit Wild-West-Ornamenten auszuschmücken. Andere mutmaßen, hier sei die Mafia im Spiel gewesen, denn wie, bitte sehr, sei denn der Frank in so kurzer Zeit zu so viel Geld gekommen, daß er der Ortsfeuerwehr ein nagelneues Löschfahrzeug habe spendieren können? Ein Wunder, daß noch niemand die Geister der verstorbenen Brüder gesichtet hatte, seit aus der Gruft diese Geräusche zu hören waren.

Die Herits-Mutter hatte inzwischen die draußen anstehende Arbeit vergessen und sich zu ihrem Mann gesetzt. Gemeinsam blätterten sie in der Chronik weiter, bis sie zum Jahr 1981 kamen:

„Zu Stefani 1980 ist mein Kusin Frank in Amerika verstorben, plötzlich, nach wenigen Tagen Krankheit. Er war Arzt und hat sich auch nicht helfen können. Heut morgen ist er mit dem Flieger nach Wien und mit dem Auto herein gebracht worden, und am Nachmittag war sein Begräbnis, er liegt jetzt bei seinen Eltern in der Gruft. Das ganze Dorf war im Friedhof draußen, außerdem die Witwe und die zwei Kinder, und was mich am meisten gefreut hat, auch der John mit seinem Sohn. Soviel ich weiß, haben sie bis zum Schluß nichts miteinander geredet, aber mit dem Tod hat der John die unsinnige Feindschaft begraben. In den Grabstein ist jetzt „Familie Herits“ eingraviert worden. Johann Herits, 16.I.1981“

Die folgenden Seiten lasen sie nur flüchtig, beim Jahr 1985 hielten sie dann wieder inne:

„Mein Kusin John hat sich so darauf gefreut, in der Pension wieder in die alte Heimat zu ziehen, hat hier schon mit dem Hausbauen begonnen, der Keller steht schon. Sechs Wochen hat er noch zu arbeiten gehabt, da hat in der Schlag troffen. Jetzt zieht er in ein anders Haus als er hat wollen, er kommt zum Ferdl-Onkel und zur Nettl-Tant und zum Frank dazu, dann ist die Familie wieder vereint. Die Witwe und die Kinder und auch die Kinder vom Frank werden zum Begräbnis kommen, gottseidank, die Jungen vertragen sich. J.H., 15.VI.1985.“

Die beiden saßen noch ein paar Minuten still beisammen, ehe sie die drei Bände wieder in die Kredenz zurückstellten und dann, ein jeder in Gedanken versunken, hinausgegangen, um die noch anstehenden Arbeiten zu verrichten.
Am nächsten Morgen war der Totengräber zur Stelle, pünktlich zur vereinbarten Stunde, so wie man es von ihm gewohnt war. Bei sich hatte er zwei starke Heuseile und seinen bewährten Gehilfen Ferdl, einen gutmütigen Kerl, körperlich gut bei Kräften, aber geistig nicht ganz auf der Höhe, von den Dorfleuten gut gelitten und nicht zuletzt als Hilfsarbeiter von allen gern gesehen.
Der Sepp wünschte den wenigen Anwesenden einen guten Morgen und ermahnte sie zur Ruhe, aus Respekt vor den Toten. Ehe er ans Werk ging, bekreuzigte er sich und brummte ein paar Worte, die wohl so etwas wie ein Gebet darstellten. Dann nahm er die Stricke, befestigte sie an den in die steinerne Deckplatte eingelassenen Ringen und trat einen Schritt zurück. Das eine Seil nahm er in die Hand, das andere gab er dem Ferdl. Zentimeter für Zentimeter zogen sie die Platte zur Seite, bis sie die Öffnung ganz freigelegt hatten.
Vierzehn Augen starrten in die Gruft, und sie sahen die vier Särge in Wasser schwimmen, das mannshoch ins Innere eingesickert war. Von Zeit zu Zeit schlugen zwei aneinander, und dann entstand das so rätselhaft gewesene Geräusch. Der Sepp ließ eine kurze Leiter und ein paar Kübel holen, und alle halfen mit. Die Särge hatten dicht gehalten, so war gottseidank nur die Gruft zu reparieren, und der Baumeister, den man inzwischen verständigt hatte, kam mit einem seiner Arbeiter, um dies so rasch wie möglich zu erledigen.
Am Abend waren alle Arbeiten abgeschlossen, und die vier hatten wieder ihre Ruhe.
Der Herits-Vater holte wieder die Chronik hervor, dachte eine Weile nach, und begann zu schreiben:
„Wasser ist in der Gruft gewesen, die Särge sind darin geschwommen, und wenn sie zusammengestoßen sind, hat man es nach draußen gehört. Das Gerede darüber hat jetzt wohl ein End.
Warum sich der Frank und der John nicht vertragen haben, werden wir vermutlich nie genau erfahren. Ihre Frauen sagen nichts und auch nicht die Kinder und es ist auch gut so. Das geht niemanden etwas an.
Wahrscheinlich war es wegen einer Kleinigkeit. Man kennt das ja: ein Mißver-

ständnis, zwei Sturschädel, und die Saat der Zwietracht ist gesät. Ist der Boden nicht fruchtbar genug, so findet sich oft jemand, dem die Sache zurecht kommt: er sticht ein bißchen hier, gräbt ein bißchen dort - schon rollt der Samen in die Ritzen, und die Zeit zementiert ihn ein. Wer das liest, Kind oder Enkelkind, denk daran, so etwas kann jedem passieren, drum sei auf der Hut! J.H.12.VIII.1995."

„Wiesen“ *Christine Posch*

Der Heimatdichter

Udo Fellner

Jedes Ding, heißt es allgemein, hat zwei Seiten. Der Heimatdichter ist da oft viel schlechter dran. Irgendeiner Ideologie hat es noch immer gepaßt, ihn einseitig zu mißbrauchen. Nicht daß es heute an Ideologie mangelte, denen Heimatdichter ganz gut dienen können, aber weil wir halt schon so schön im demokratisch-pluralistischen Schwung sind, darf man auch dem Heimatdichter ein wenig unter den Janker schauen. Überrascht entdeckt man da eine staunenswert v i e lseitige Existenz.

Im I n n e r s t e n ist der Heimatdichter mit sich und dem Numinosen allein. Hierher dringt kein profaner Blick. Zutiefst von seiner Berufung durchdrungen, baut der Heimatdichter ein Leben lang liebevoll an dieser Kapelle. Beutelt ihn die schnöde Ignoranz der Außenwelt zu heftig, kriecht er weidwund in sein Innenfutter und entwickelt heimatliche Antikörper.

Gerührt von soviel Empfindsamkeit lobt ihn die Heimat mit oft großem Aufwand wieder ans Licht der Öffentlichkeit. Dankbar füllt der Versöhnte wieder Lesebücher, Rezensionen und Fleischerzeitungen.

Ein vollständiges und keineswegs auf Oberflächliches beschränktes Bild des heimatdichtenden Subjekts vermag freilich erst sein gemächliches Umrunden zu liefern.

Von u n t e n schaut der Heimatdichter so aus, wie ihn viele gerne sehen: breitsohlig, schwerwiegend und fest in der Heimaterde verwurzelt. Wohin er tritt ist Heimatboden, er hinterläßt nur tiefgründige Spuren. Aus dieser Perspektive wirkt der Kopf lächerlich klein, geradezu entrückt. Manchmal sieht man ihn gar nicht, weil er von Wolken verhüllt ist. Gelegentlich läßt er sich herab, was auf Grund der Entfernung sehr lange dauert, und gibt Bedeutungsvolles von sich.

Bei diesen Anlässen stellt man fest, daß der Kopf durchaus zu den Füßen paßt.

Schaut man den Heimatdichter von o b e n an, ist er ganz Kopf. Man möchte gar nicht glauben, daß er sich auch bewegen kann und ist überrascht, wenn man ihn plötzlich woanders wiederfindet, nachdem man ihn für eine Weile aus den Augen verloren hat. Das hätte man ihm gar nicht zugetraut.

„Blühende Wiese“ *Gerhard Posch*

Eindrucksvoll ist es, wenn der Kopf des Heimatdichters spricht. Dies geschieht unter Absonderung schöner und wuchtiger Sätze.
Über dem Scheitel des Begnadeten wabert seine Aura, dem banalen Zugriff von unten entzogen. Bei direkter Beleuchtung verliert sich dieser Eindruck jedoch schlagartig. Ein formloser Schatten läßt allenfalls Größe erahnen.
Von r e c h t s zeigt der Heimatdichter Profil. Er ist kantig, alpinoid und hebt sich im Alpenglühen kaum von den Felsschroffen ab. Die nervige Faust umfaßt entschlossen die Feder, der feste Blick schweift adlerkühn über alles Schwächliche, Menschelnde hinweg.
So steht er seit vorgestern und wartet auf den rechten Leser.
Blickt man von l i n k s auf den Heimatdichter, erkennt man zunächst gar nichts. Es ist die unvorteilhafte, schlecht entwickelte Seite des Heimatdichters, und er zeigt sie auch nicht gerne. Man hat ihm lange eingeredet, daß es sie eigentlich gar nicht gibt, und so hat er sie vernachlässigt. Überrascht und amüsiert registriert der Heimatdichter das zunehmende Interesse an dieser Seite. Und schon kleidet er sie - dem Trend Rechnung tragend - ebenfalls in Loden, freilich betont lässig und provokativ; sozusagen im Knitterlook. Das Feuilleton jubelt und rezensiert hymnisch seinen brachialen Heimatkahlschlag.
Von v o r n e ist der Heimatdichter einfach noch nicht fertig. Der Blick auf ihn kann nur ein provisorischer sein und erlaubt kein endgültiges Urteil. Dennoch irritieren einige Details.
Von einer richtigen Statur kann keine Rede sein, obwohl das Bemühen darum ersichtlich ist. Immerhin sind Umrisse seiner Existenz zu bemerken. Manche Betrachter meinen ein Schweben bemerkt zu haben, wahrscheinlicher ist aber doch ein Hopsen.
Es ist schwer vorstellbar, daß sich dieses Wesen äußern möchte, und doch sind gelegentlich glucksende Laute zu vernehmen, die sich da und dort zu Sinneinheiten fügen.
Nur Heimatlose und notorische Heimattrunkene leugnen jegliche Wahrnehmung. Die Fachwelt sucht programmatische Nischen.
Von h i n t e n endlich entfaltet sich der Heimatdichter zu seiner ganzen menschlichen Breite und Gewichtigkeit. Entledigt er sich seiner Beinkleider, ob Leder ob Loden, ist er durchaus imstande, allen kritischen Betrachtern eine angemessene Antwort zu geben.

2. Preis

„Am See" *Hannes Lindl*

Träume im Sand

Susanne Wisser

Sie hatte die Gewohnheit, abends vor dem Einschlafen über den vergangenen Tag nachzudenken. Selten war sie mit seinem Verlauf zufrieden. Mißmutig dachte sie an die alltägliche Arbeit, die einen Großteil des Tages verschlang. Nur hie und da hatte sie das Gefühl, ein Stück Leben ergattert zu haben. Und davon wollte sie soviel wie möglich.
Immer wieder drängten sich dieselben Fragen vor: Ist das mein Leben? Wie kann ich dieser Fron entkommen, ohne alles zu zerstören? Wo finde ich die Erfüllung, die ich suche?
Es war Juni, ein langer Sommer lag vor ihr. Die Kinder machten bei den Großeltern Ferien, ihr Mann arbeitete an einem Projekt und war selten zuhause, sie hatte zwei Monate Urlaub.
Weg! Nur weg von da! dachte sie. Einmal alles zurücklassen, das freie Leben einsaugen, eintauchen in ein Abenteuer. Sie wußte, daß es jetzt an ihr - nur an ihr lag -, wenn sie die Gelegenheit nicht wahrnahm.
Sie packt das Notwendigste in ihr Auto. Im Morgengrauen fährt sie los. Ihr Ziel: das Leben.
Die Straße in die Freiheit ist holprig, die erste Nacht ausgefüllt mit dem Schlaf der Erschöpfung. Als die Sonne auf das Zelt brennt, fährt sie weiter. Sie spaziert durch eine Stadt mit schönen, alten Häusern. Die Hoffnung auf ein neues Leben prickelt über ihren Rücken. Am Nachmittag wird es schwül. Sie fährt hinaus aus der Stadt, in die Berge. Die Sandstraße windet sich in steilen Kurven nach oben. Geröll, dürres Gebüsch, kein Mensch weit und breit. Ist das die Freiheit?
Am Abend setzt sie sich vors Zelt, spricht lange mit dem Nachbarn. Sein Gesicht ist zerfurcht wie ein frisch gepflügter Acker. Er sei auf der Flucht, erzählt er, er könne nicht mehr nach Hause zurück, so fahre er eben von einem Land zum anderen, arbeite einmal hier, einmal dort. Sein Lächeln macht sie immer trauriger.
Ein neuer Tag bringt neue Hoffnung. Das Meer liegt ihr zu Füßen. Sie deckt ihren Körper mit dem warmen Sand zu und überläßt sich dem Schlaf. Träume steigen auf, heben sie hinweg über Sand und Meer in das Land des Regenbo-

gens. Ihr jüngerer Sohn spielt dort gedankenverloren mit einem seltsamen Fabeltier, wie es in alten Sagenbüchern zu finden ist. Die Insel ist in gelbes Licht getaucht, alle Blumen haben gelbe Blüten. Ihr Mann trägt eine Brille und sagt immer wieder:
„Alles herrlich blau hier, ich bleibe!“ Sie borgt sich seine Brille aus. Tatsächlich, auch ihr erscheint alles blau. Da begibt sie sich auf die Suche nach einer Brille, die alles grün erscheinen läßt. Sie durchstreift die Insel, kommt in hohes Gebüsch, kann sich nur mühsam einen Weg bahnen. Aber sie will nicht aufgeben; sie ist sicher, irgendwo ist diese Brille versteckt. Sie hat das Gefühl, ohne diese Brille nicht weiterleben zu können ...
Der Motorenlärm aus einem nahen Schotterwerk weckt sie. Hastig vergräbt sie ihre Träume im Sand und fährt weiter, eine schmale, kurvenreiche Uferstraße entlang; aus dem Autoradio dröhnt fremdartige Volksmusik, das macht sie wehmütig.
„Wohin?“ fragt eine Frage, die am Straßenrand Obst verkauft.
„Weg,“ sagt sie, „weg von Zuhause.“
„Wann zurück?“ fragt die Frau und schneidet, zufrieden lächend, die Melone in mundgerechte Stücke.
Es ist, als ob ich Steine in meinem Körper hätte, die dauernd aneinander reiben, denkt sie.
Eine Schafherde stoppt ihren Wagen und ihre Gedanken. Sie beschließt, in einem Badeort ein paar Tage von ihrer Rastlosigkeit auszuruhen. Menschentrauben bevölkern den Strand, die Kinder lärmen, die Erwachsenen dösen in den Liegestühlen. Hier, unter dieser sprudelnden Menge, trägt sie schwer an ihrer Einsamkeit. Sie baut mit Kindern eine Sandburg und hört sich die Sorgen der Mutter an. Hier ist nicht ihr Land! Wo aber ist die Brille, mit der sie alles grün sieht, zu finden?
Nicht einmal das Tagebuch erfährt von ihren wahren Gefühlen. Laute Musik betäubt die Sinne, aber nach Mitternacht holt der volle Mond die quälenden Gedanken wieder hervor und läßt sie bis zum Morgen nicht schlafen.
Das Privatquartier in einer entlegenen Gegend, weit weg von den Touristenzentren, ist einfach: ein Tisch, ein Sessel, ein Bett; das Schlafzimmer einer ärmlichen Familie, das man ihr überlassen hat. Lange Spaziergänge führen sie in ein Hochmoor von seltener Schönheit und dämpfen die Unruhe. Sie kauft Kleider und Süßigkeiten für die Kinder der Familie. Man behandelt sie mit

Respekt, Zuneigung aber spürt sie keine. Wo liegt das Land, das auch Geborgenheit bietet?
Sie schickt eine Grußkarte nach Hause. Von tiefen Eindrücken ist da die Rede, von wertvollen Einsichten. Nachdenklich wirft sie die Karte in den Postkasten und fährt weiter.
Der neue Zeltnachbar auf einem einsamen Campingplatz an einem Fluß überredet sie, am Abend mit in die Dorfschenke zu kommen. Man erzählt einander von seinem Leben, von seinen Träumen. Nach ein paar Gläsern Wein verschwimmt die Wirklichkeit, und auf den Wellen des Flusses glaubt sie das Tor ins Land der Erfüllung zu sehen. Er übernachtet bei ihr im Zelt.
Am Morgen packt er, mit gesenktem Kopf, wortkarg; sie geht in die Dusche, um die Scham von ihrem Körper zu spülen.
Die Suche nach dem Land, in dem Freiheit und Geborgenheit kein Widerspruch sind, macht sie immer unsicherer. Wegweiser dorthin gibt es keine; so wird jede Kreuzung zur Lebensentscheidung.
Das Hotel ist gut bürgerlich. Stammkunden sind da, die das Personal schon lange kennen. Voller Stolz erklärt der Besitzer, daß hier alle eine Familie seien. Man plaudert. Gedankenverloren ritzt sie mit einem Stück Holz ein Gebäude in die feuchte Erde. Als sie ihre Zeichnung betrachtet, erkennt sie die Umrisse ihres Hauses in der Heimat. Hastig rafft sie ihre Sachen zusammen und fährt weg. Nach einem ausgiebigen Regen sind die Bäume und Felder saftig grün.
Die Blicke ihrer Kinder sind scheu.
„Wo warst du solange?“ Als sie schweigt, beginnen sie, ihre Erlebnisse hervorzusprudeln. Dann fragen sie neuerlich:
„Wie wars bei dir?“ Sie atmet einmal tief.
„Ich habe euch vermißt“, sagt sie schließlich unsicher. Daß sie damit nicht einmal die halbe Wahrheit ausgesprochen hat, bereitet ihr Unbehagen.

„Winter am Neusiedlersee“ *Josef Samuel*

Die Motorspinne

Daniel Wisser

eines tages, sagte sie. eines tages am rand des schwefelbades. die fetzen flogen eines politischen grimoires.
der polizeiinspektor machte seine runde. wie kam er dazu an eine um vieles ältere frau mit gleichförmiger sehnsucht zu denken?
in destruktiven launen fuhr er mit dem streifenwagen gegen mülltonnen oder durch einen haufen street-ball spielender kinder.
als sie in der oststeiermark ein gasthaus betrat, erzählte ein stammgast gerade einen witz, ein russe, ein amerikaner und ein burgenländer gehen schwimmen.
sie wollte sich setzen, aber der wirt sagte: entschuldigung, das ist der stammtisch und ich rauche gerade eine virginia.
der inspektor vergaß die polizei, ließ das verbrechen wild wuchern und hatte kein schlechtes gewissen dabei, denn spitzel hatten ihm berichtet, daß es ohnehin nicht mehr lohne. mehr verluste bringe als gewinne.
herzzugedreht erschien er beim preisschnappsen und rechnete sich keine guten chancen auf die halbe sau aus.
früh war er zum realisten geworden. als kind dachte er: unser haus ist ein kleines haus, ich wohne nicht auf der hauptstraße, unser dorf ist nicht das größte in der gemeinde, die ebenfalls nicht die größte im bezirk ist; dieser ist nur ein kleiner bezirk des burgenlandes, das ein kleines bundesland ist, österreich ist nur ein kleiner staat in europa, einem eher kleinen kontinent; die erde ist in unserem sonnensystem ein kleiner planet und unser sonnensystem ist auch nicht das größte in einer wahrscheinlich eher kleinen galaxie.
er war also sicherlich nicht auserwählt, der größte zu sein. dennoch war er er selbst und spielte akkordeon wie kein zweiter, über den polizeifunk wurde er vielen musikfreunden bekannt.
ich habe ein mädchen aus dem wald gebracht, sagte der jäger und betrat die staunende gaststube. ich habe sie sorgfältig von ihrer schweizer familie getrennt und sie gezähmt. ich habe ihr zu essen und zu trinken gegeben. mehr noch: ich habe sie durch den waldlehrpfad geführt und ihr mein gewehr gezeigt. wer will kann mit ihr schnapsen.

jetzt muß ein mechaniker her! der herr inspektor ist schon ungeduldig. was ist das? seit drei tagen hüpft sein auto in kurven aus der fahrbahn und landet erst wieder in der geraden. aber bis jetzt ist nichts passiert.
natürlich hatte sie eine dusche bitter nötig. sie kannte nicht einmal einen wasserhahn. geschweige denn ein telephon. der herr pfarrer darf sie uns nicht wegnehmen. wir haben geld in sie hineingesteckt.
eine entsetzte nachbarin steht in der fleischhauerei und erzählte. der brave polizeiinspektor von vis-à-vis ist ein schlafwandler. ich habe ihn vor zwei tagen um zwei uhr morgens beobachtet, wie er ein brett aus seinem fenster geschoben hat, und daran entlanggelaufen ist, bis kein brett mehr da ist und noch vier sekunden in der luft strampelt und endlich fällt. gottseidank wohnt er nicht hoch und ist beim sturz auch nicht aufgewacht, sondern wieder schlafen gegangen.
gestern um dieselbe zeit stelle ich mich wieder ans fenster, und es passiert haargenau das gleiche.
vier millimeter war er von ihr entfernt gewesen und hatte dennoch seine chance verpaßt. ein sitzer bei ihrem gemeinsamen spaziergang vor knapp einem jahr. damals wußte er nicht wer sie war.
inzwischen hatte er sich mit operetten angefreundet und fertigte selbst übersetzungen aus dem italienschen an.
anderthalb jahre später, als er endlich entschlossen genug war, das unwiderrufliche zu vollbringen, war die chance natürlich längst verspielt.
wenn du sie küßt, bleiben deine lippen noch einige zeit an ihr haften und du ziehst und dann erst schnalzt dir deine goschen wieder ins gesicht zurück.
das ist eine mailänder salami, sagte der tenor und der vorhang fiel. die loge applaudierte vor lauter sekt. außer dienst hatte er seine hand an der nylonbluse der gattin durch reiben elektrisiert und sie dann unter ihren rock gesteckt. angeregt stocherte er dort herum, beschloß das leben zu genießen und seiner frau zwischen den schnäpsen wieder leistung abzuverlangen. diese aber war, so muß man es sich vorstellen, neben ihrer roheit auch in hohem maß kultiviert und zeigte ihn eine gesellschaftsfähige seitenstellung, die sie auf einem sitzstreik gelernt hatte.
wie sie dort entkommen ist, weiß niemand. nur daß sie dort sprechen und aufs klo gehen gelernt hatte. der wald ist kein honiglecken, sagte sie zu sich selbst und dann: ich habe noch nicht einmal einen namen. so ging sie über wiesen in die bucklige welt, wo sie die geräusche zu hören begann.

die wenigsten wissen, wie man es unbemerkt in einer opernloge treibt, sagte der inspektor zu seinem adlatus. das war nichts anderes als ein junger aufstrebender polizist, der am land nichts zu lernen hatte und deshalb mitfuhr. sein steirisch tarnte er mit einem starken meidlinger „L“, sodaß man verwirrt war, wenn er „schilcher“ und „kernöl“ sagte.
auch das kurvenhüpfen des einsatzfahrzeuges machte ihm nach drei tagen bereits nichts mehr aus. sehr zu unrecht hatte er aber vom inspektor eine schlechte meinung.
wenn sie das geld wieder aus sich herausgezogen hätte, wär es ihr nicht so schlecht ergangen. sie hätte sich etwas zum essen kaufen können. etwas kaltes zumindest. doch vielleicht hatte sie gar keinen hunger. sie folgte den geräuschen, die sie - wie gesagt - hörte.
er hätte sie im wald aufgespürt. der kommandant zeigte ihm die zeitungsartikel. alles was bei uns passiert, ist bereits vor zwei wochen in der steiermark passiert. da haben sie sogar ein photo abgebildet.
tatsächlich war sie aus dem wald heraus direkt in die werkstatt gegangen, wo das hüpfende auto stand; und rundherum die ratlosen mechaniker. der inspektor kam und nahm sie in seinem unreparierten auto mit. bei mir wirst du es gut haben. zwar hüpft mein auto und mein haus wird von meiner frau bewohnt, aber du wirst dich daran gewöhnen.
zuerst brauchst du einen namen, damit man dich rufen kann.
was für eine maßlose unterfrauenhaid!, schrie die gattin im geschäft herum, als man ihr erzählte, was sie noch nicht wußte. die kann was erleben.
ihm gehört eine, berichtigte sie die greislerin, die die rechnung von der frau inspektor auf- oder anschreiben mußte, denn die eilte schon nach hause. in ihrer einkaufstasche befand sich ein gewicht aus eisen.
über die motorhaube gebeugt sagt sie: „ist motorspinne!“.

„Weinberg“ *Kurt Salzer*

Mein Raabtal

Karl Reitbauer

Wo sich auf sanften Hügeln Ähren wiegen
wo seichte Täler voller Saat
die Reben sich um Stämme schlingen
hart an der Grenze zum fremden Staat

Wo sich die Weiden sanft verneigen
wo die Wiesen saftig grün
und die Libellen ihren Reigen
tanzen, so herrlich anzusehn

Wo träge durch das Tal sich windet
die Raab in ihrem Bette kriecht
wo man noch innere Ruhe findet
und die Sonne ein besonders Licht

Wo die Natur noch nicht entweiht
tiefgrün der Wald noch um sich greift
wo die Kürbisfrucht am Feld gedeiht
und das Maiskorn trächtig reift

Lieb deine Heimat das schöne Land
mußt du auch einmal fort
komm gern zurück ins Burgenland
es ist und bleibt dein Hort.

A Steira mocht an Ausflug - oder wia i a Freind va die Burgenlända worn bin

Wennst iba Fehring ins Burgenland foahrst
is ´d erschte Ortschoft Wöltn da´ß das woaßt
kennan tuast´s glei, daß´d in Burgenland bist
obwohl durt da Hohn a kraht auf `n Mist
redn toans wuhl scho a weng gspoaßi
vasteh tuat ma`s grod no, des woaß i

Hiaz sen die Stroßn scho schei aphaltiert
i haus friahra amol mit`n Motorradl probiert
do host nur loamige Stroßn gsechn
drum homs jo ongeblich no Schwimmheit ba `d Zechn

Die Mauleit trogn `d Fiater
drunt sogn `s dazua Schurz
auf `d Hefn hom mia an Deckl
do hom`s an Sturz
ban Fuaßboll sogn`s gazn
za `d Kiah do sogn `s Kuih
ma derfs a nit roazn
sunst schlogn `s a glei zui

Is Sautonz gibts Bluatsterz
an Tee mit vüh Rum
sie hom holt a guats Herz rundumandum
die Semml san greßer ols ba ins do herobm
es is holt ois bessa, wos `d Burgenlända hom

Fohrst weida obi donn kimmst noch St. Mirtn
do toan die Lexischn des Rosenkreiz hiatn
busweis kemman die Wullfohrter zsomm
es san a vüh Steira, die do betn toan

Nochher kimmt Neimarkt es liegt an da Roob
die Leit san nit reich und a weng grob
die Ortschoft liegt gonz an der Grenz vasteckt
die Kinstler homs wiada zan Lebn erweckt
d `Neimarkter hom gnua mitgmocht im Lauf der Johr
fremde Soldoten hom vüh umbrocht sogor

Grod weida konnst nit foahrn is ollas vamocht
fohrst a weng noch Gotthard hon i ma docht
drum wennst mit `n Auto wüllst weidakemman
muaßt links, die Stroßn auf Jennersdorf nehman
Jennersdorf sölbst is a Bezirksvorort
a Stodt sulls hiaz sei wia ma so hert
die Leit san recht gmiatli, die Wirtsheisa a
trinkn toans a gern des follt wirkli koan schwa
da Thomas Willi, da Joe und wias sunst olli hoaßn
die ois Berühmtheiten umanonda roasn
da Kampl Erni die Manhattn Bar
für vüle oft die Hoamt woa
da Burgenlond Hof, d `Famülie Kern
olli scho Millionäre wern
denn fleißi sans olli die Leit do herunt
an jedn ois guati sei eahna vagunnnt
fia heit moch i Schluß und foah wiada hoam
i bin ob sofurt a Freind va die Burgnlända worn.

„Am Wasser“ *Markus Kremser*

Das Haus

Robert Pinter

In unserem Dorf gibt es sehr viele Häuser. Sie sehen alle gleich aus. Nur ein Haus sieht ganz anders aus als alle anderen Häuser: es ist viel größer und höher, hat ein sehr spitzes Dach, schmale, hohe Fenster, durch die man nicht durchschauen kann, und an der Vorderseite einen Aussichtsturm mit einem Eisengestell drauf.

In diesem Haus wohnen keine Menschen. Auch keine Tiere. Trotzdem wird erzählt, daß doch jemand drinnen wohnt. Einige sagen sogar, es sind zwei mit einer Taube. Es hat sie aber noch niemand gesehen, obwohl es das Haus schon sehr lange gibt - denn sie sollen sich unsichtbar machen können.

Einmal in der Woche kommen sehr viele Leute und gehen in das Haus hinein. Aber einige finden den Eingang nicht, denn sie gehen an dem Haus vorbei und suchen den Eingang hinter dem Haus - finden dort aber keinen.

Drinnen sieht das Haus überhaupt ganz anders aus als alle anderen Häuser: es hat nur ein sehr großes Zimmer und die Terrasse ist innen. Auch der kleine „Ein-Mann-Balkon" auf der Seite ist innen.

Vorne steht ein steinerner Tisch mit einem goldenen Kastl drauf. Links und rechts von dem steinernen Tisch stehen zwei kleinere steinerne Tische. Dort stehen steinerne Figuren oben. Auf dem anderen Tisch steht der, der auch auf dem Wasser gehen kann und ohne Flügel fliegen kann.

Vorne an der Wand hängt ein ganz großes Bild. Es ist sehr grausig: Ein sehr zorniger Mann mit Flügeln wirft ein paar andere Männer ins Feuer hinein. Es stehen überhaupt in dem ganzen Haus lauter steinerne Figuren mit Flügeln herum, und an den Wänden hängen auch zwölf sehr grausige Bilder.

Die Innenterrasse wird von dicken Säulen getragen. Auf einer Säule ist eine steinerne Waschmuschel befestigt. Es ist auch ein Wasser drin. Man darf sich aber nicht die Hände waschen, sondern muß sich mit dem Wasser selber anspritzen. Auf der anderen Säule hängt eine eiserne Sparkasse. Es ist eine Zaubersparkasse. Wenn man was verloren hat, muß man etwas in die Zaubersparkasse hineinlassen und dann findet man es wieder.

Alle Leute, die den Eingang gefunden haben, haben inzwischen auf den langen Bänken Platz genommen. Sie reden nichts miteinander, sondern tun nur

schauen. Dann fängt der hundert Jahre alte Schuldirektor mit seinen Luftpfeifen eine sehr erhabene Musik zu spielen an.
Jetzt kommen vorne ein paar verkleidete Buben zu dem steinernen Tisch hin und zum Schluß der Herr, auf den alle gewartet haben. Er ist auch verkleidet. Alle stehen auf und setzen sich nach einer Weile wieder nieder. Die verkleidet sind, beginnen jetzt etwas vor sich hinzumurmeln. Sie murmeln etwas, das niemand versteht, und der verkleidete Herr hebt die Hände empor und sagt etwas, das auch niemand versteht.
Jetzt singt der verkleidete Herr allen anderen ein Lied vor. Er bekommt aber keinen Applaus dafür.
In diesem Haus hat noch niemand laut gelacht, es redet auch niemand, und gefragt hat auch noch niemand etwas. Nicht einmal die Kinder trauen sich schwätzen.
Aber singen trauen sich alle, auch die nicht gut können. Auch husten trauen sich alle: erst fängt einer zu husten an, und dann husten sich alle der Reihe nach durch, bis der verkleidete Herr schon böse zu schauen beginnt. Dann hört das Husten auf. Aber nach einer Weile fängt es wieder an.
Alle stehen auf und setzen sich nach einer Weile wieder nieder. In den Hustpausen wird entweder ein Lied gesungen, oder der verkleidete Herr hebt seine Hände empor und sagt etwas, das niemand versteht, oder alle stehen auf und setzen sich nach einer Weile wieder nieder, oder alle lassen die Köpfe hängen.
Jetzt erzählt der verkleidete Herr, wie jedes Mal, eine Geschichte von früher: diesmal von einem, der in der Wüste eine Rede gehalten hat und zu dem hunderte Leute hingekommen sind, um ihm zuzuhören. Als die Leute Hunger bekommen haben, gab er ihnen zwei Brote und zwei Fische, und alle hatten damit genug ... Der verkleidete Herr wird gar nicht rot dabei, und auch alle anderen glauben die Geschichte - denn niemand sagt etwas.
Alle stehen auf und setzen sich nach einer Weile wieder nieder.
Jetzt hat der verkleidete Herr von dem vielen Geschichtenerzählen einen Durst bekommen - denn ein verkleideter Bub mischt ihm einen roten Spritzer ab. Sonst bekommt niemand etwas zu trinken:
Dafür bekommen aber alle eine kleine Jause. Denn der verkleidete Herr holt ganz kleine Brote aus dem goldenen Kastl heraus und verteilte sie. Aber jeder bekommt nur ein ganz kleines Brot und nichts dazu - trotzdem haben alle

damit genug - denn keiner sagt etwas oder will ein zweites Brot. Jetzt freut sich der verkleidete Herr.
Alle stehen auf und setzen sich nach einer Weile wieder nieder.
Der hundert Jahre alte Schuldirektor spielt wieder mit den Luftpfeifen eine sehr erhabene Musik. Einigen gehen jetzt schon die Augen zu. Und alle Kinder treten schon auf ihren Füßen hin und her.
Aber der verkleidete Herr hebt die Hände empor und sagt etwas, das niemand versteht.
Jetzt gibt ein verkleideter Bub dem verkleideten Herrn einen Kübel Wasser.
Der verkleidete Herr spritzt alle anderen mit dem Wasser an - aber niemand traut sich was zu sagen.
Alle stehen auf und setzten sich nach einer Weile wieder nieder.
Zum Schluß geben noch alle dem verkleideten Herrn etwas für die Jause und gehen dann aus dem Haus hinaus. Draußen haben jetzt auch die den Eingang gefunden, die ihn vorher nicht gefunden haben.

„Morgenstille“ *Stefan Rottenschläger*

Als die Lacken verschwanden

Gertrude Birtschitzky

Seewinkel - Heideboden - Heimat, ein Stück Burgenland.
Dazu gehörten die vielen großen und kleinen Lacken, von denen zum Glück doch einige geblieben sind. Die „Lange Lacke“ stieg sogar zu einer, zumindest europäischen, Berühmtheit auf. Ihr Wert, der in der Einzigartigkeit ihrer Flora und Fauna besteht, wurde noch rechtzeitig erkannt und gerettet und seit dem 24. April 1994 ist der Nationalpark „Neusiedlersee-Seewinkel“ offiziell eröffnet und erfreut die vielen Besucher, Ornithologen und Naturschützer von nah und fern.
Vor fünfzig Jahren hatte sie noch viele kleine Geschwister, und es war kein Dorf im Seewinkel, in dem es nicht einige Lacken gab. Ihre Namen erhielten sie teilweise aus der örtlichen Lage oder auch von geschichtlichen Ereignissen. Zum Beispiel Friedhoflacke, Zigeunerlacke, Unterörtler-Lacke, Zeiler-Lacke, Lehn-Gstettn-Lacke und viele mehr. Oft hatte sogar jeder Ortsteil seine eigene Lacke, die für die Bewohner eine sehr wichtige Rolle spielte.
Denn Gänse und Enten, typisch für den Seewinkel, konnten nur gedeihen, solange es genug Lacken gab, und fast in jedem Haus gab es eine schnatternde Gänseschar. Im Spätwinter war es still an den Lacken, da die Gänse in den Ställen und Kammern auf der Brut saßen und nur die Ganauser ihre Runden drehten. Im März-April schlüpfte die neue Generation aus den Eiern und wenn es die Sonne gut meinte, wurden die Kleinen zum ersten Mal zur Lacke geführt. Natürlich mußte dieser erste Ausflug erst richtig vorbereitet werden.
Der Anfang lag schon im genauen Beobachten des Gänsepaars im Winter. Nach etlichen Wochen der Werbung und Partnersuche fingen die Gänse an ein Nest zu richten und bald schon lag ein schönes Ei darin, welches sorgfältig mit Datum versehen in der „Speis“ in einem Korb aufbewahrt wurde. Meist nachdem die Gans zehn bis zwölf Eier gelegt hatte, rupfte sie sich viele Daunen aus und wollte gar nicht mehr aus dem Stall. Nun mußte ihr ein ordentliches Nest gemacht werden. Dazu diente ein mit Stroh gefüllter alter „Sumpa“ (ausgedienter Weidekorb), der als oberste Schicht die ausgerupften Daunen bekam.

Das „Ansetzen“ war eine wichtige Sache. Alle Eier wurden sorgfältig in das Nest gelegt, die Gans darauf gesetzt und das Stallerl gut verriegelt. Da saßen sie nun die braven Gänse für vier Wochen in der Dämmrigkeit und gönnten sich nur jeden Tag einen kurzen Ausflug in den Hof, um sich im wahrsten Sinn des Wortes die Füße zu vertreten und wenigstens ein paarmal mit den Flügeln zu schlagen.
Am zehnten Tag wurden die Eier „ausgetauscht“. Das ging so: Jedes Ei wurde aus dem Nest genommen und vor eine brennende Kerze gehalten. War das Ei dunkel mit einem hellen Rand, so war es befruchtet und kam wieder in das Nest zurück. Ein sogenannter „Bluza“ (unbefruchtetes Ei) erschien einheitlich hell und landete sogleich auf dem Misthaufen. So wurde verhindert, daß die Gans unnötig auf zu vielen Eiern saß.
Am Kalender war der Schlüpftag genau aufgeschrieben. Die Hausfrau sah nach und wirklich waren die Eier schon „angespanlt“, das heißt: an einer Stelle hatte das Ei schon ein Loch und manchmal schaute auch schon der Schnabel heraus. Im Laufe eines Tages schlüpften die Kleinen aus den Eiern und es war allerliebst anzusehen, wenn sie unter den Flügeln der Gänsemutter hervorguckten. Behutsam wurden sie in eine, mit alten Wolltüchern ausgelegte, Schachtel gepackt und zum Ofen gestellt um warm zu bleiben und abzutrocken.
Waren alle Ganserl schön trocken und flaumig, ging es ans „miaka“ (markieren). Jedes Haus hatte dafür ein eigenes Kennzeichen. Mit der Schere zwickte die Hausfrau eine Zehe ab oder machte ein kleines Loch in die Schwimmhaut, damit sie später an der Lacke, wenn die Gänsescharen durcheinandergerieten, ihr Eigentum beweisen konnte. Das klingt jetzt vielleicht grausam, aber den Kleinen ist dabei nichts geschehen. Sie piepsten zwar, aber die kleinen Wunden waren schnell wieder verheilt.
Als erstes Futter bekamen sie gekochten, faschierten Mais und frische, kleingehackte Brennessel. Nach ein paar Tagen, wenn es nicht zu kalt war, kam dann der erste Marsch zur Lacke, bei dem die Hausfrau natürlich die Gans begleitete. Dort herrschte reges Treiben von zischenden Gänsen und vielen gelben und gelb-schwarz gefleckten Ganserln. Jede Gans achtete sehr, daß sich ihre Kinder nicht zu weit von ihr entfernten. Sie zupften an den frischen Grashalmen und bald schon schwammen sie in der Lacke.
Nach ein paar Stunden mußte die Gans wieder heimgeholt werden. Den kleinen Mädchen war diese Arbeit zugeteilt. Sie mußten die eigene Gans genau

kennen und wissen, wieviele Ganserln dazugehörten. Fürsorglich waren diese mit einem Farbtupfer am Kopf oder Schwanz gemerkt (markiert), damit die kleinen Gänsedirnen leichter ihr Eigentum finden konnten.
Zum „Gansl-hüten“ kam ein Mädchen schon mit sieben bis acht Jahren, mit zwölf stieg sie schon zur „Kindsdirn“ auf. Ja, so früh mußten die Mädchen schon für ihre Aussteuer arbeiten, denn bei mehreren Mädchen im Haus, brauchte man viele Federn für das Bettzeug, zumal die Tuchenten wahre Federnberge sein mußten, damit man in den ungeheizten Schlafzimmern, wo im Winter die Eiskristalle an den Wänden glänzten, nicht fror.
Im Winter hatten die Kinder und die Jugendlichen ihre Freude an den Lacken. Rutschen und Radeln auf den Absätzen der Stiefel, „Rosshaut“ machen und natürlich Schlittschuhlaufen waren unsere schönsten Wintervergnügen. Auch wenn die Schlittschuhe mit Schlüsseln und Zangen an den Schuhen festgeschraubt waren, gelang uns so mancher Dreher. War die Lacke dick gefroren, so hackten die Burschen für wenig Geld dicke Blöcke aus dem Eis, mit denen die Eisgruben der Gaststätten gefüllt wurden, in denen dann das Bier den ganzen Sommer kühl lagerte.
Nach dem Krieg als der Wiederaufbau begann, gab es nichts Wichtigeres als Brot für alle zu besorgen. Jedes Fleckerl Grund wurde bebaut und genützt. Da große Flächen im Seewinkel regelmäßig im Frühjahr unter Wasser standen, kam der Plan der Kanalisierung auf. (Schlagwort; Schaffung des zehnten Bundeslandes). Anfang der fünfziger Jahre schickte die Landesregierung Geometer und Vermessungsingenieure, und bald darauf gruben große Bagger schnurgerade Kanäle durch die feuchten Gebiete. Die Bauern freuten sich, weil nun viele Böden nicht mehr „ersaufen“ konnten.
Nur unser Naturgeschichte-Lehrer, ein leidenschaftlicher Vorläufer eines Umweltschützers, ahnte schon damals, welche Folgen dieser brutale Eingriff in die Natur haben würde und er sagte: „Das ist der Anfang vom Ende des Seewinkels“. Aber auf solche Einwände hörte keiner, denn zu dieser Zeit stand die Produktion von Nahrung an erster Stelle und niemanden kümmerte es, daß ein paar Krötenlacken verschwanden.
Im Gegenteil: Die Landwirtschaftskammer schickte starke Traktoren mit großen Pflügen, die die Rohrwiesen umrissen. Metertiefe Gräben und Furchen blieben nach dieser Naturvergewaltigung zurück. Mit viel Plage und Arbeit versuchten die Bauern, mit den damals nach schwachen Traktoren,

auch noch mit Pferden, daraus Felder zu machen. Nach ein, zwei Jahren konnte man schon anbauen und alle freuten sich über die neuen Felder. Vereinzelt schaute an manchen Stellen noch das Schilf aus dem Getreide, doch allmählich vertrockneten auch die letzten Rohrwurzeln. In nassen Jahren, zum Beispiel 1965, standen große Teile der neuen Felder wieder unter Wasser, aber sofort wurde abgepumpt und die Schleusen geöffnet und seither scheint es als ob die Lacken wirklich für immer vertrocknet sind.
Auch im „Hansag“, der Heimat der Großtrappe, breiteten sich anstatt der Wiesen, von denen die Bauern aus Tadten und Andau das Heu, kunstvoll verladen als „Wiener-Fadl“, mit den Pferden nach Wien in die Kaserenen und zu den Fiakern gebracht hatten, riesige Maisfelder aus. Seitdem gibt es jeden Frühling wahre Staubstürme, da der leichte, schwarze, sandige Boden ohne Pflanzendecke daliegt. Derzeit gibt es auch hier ein Projekt, welches den Grundwasserspiegel anheben und die Felder wieder in Feuchtwiesen rückbilden soll.
Und so verschwanden allmählich die kleinen Lacken aus den Dörfern, die das Leben, vor allem das der Enten und Gänse aber auch Störche und Schwalben so sehr mitbestimmt hatten. Heute klagt man über das Ausbleiben der Schwalben. Ja, woher sollen diese das Baumaterial für ihre Nester nehmen? Alles asphaltiert und betoniert, da gibt es kein „Pamperl“ wie früher an den Lacken. Auch für den Storch ging damit eine gute Nahrungsquelle verloren.
Ganz langsam begann nach Jahren ein Umdenken und mit viel Verhandeln, Aufklärung und finanziellen Mitteln versucht man nun den Schaden, den man der Natur zugeführt hat, zu mildern. In künstlichen Biotopen quaken heute die Frösche. Enten und Gänse sind verschwunden und im Winter fährt man mit dem Auto zum Eislaufen an den See oder in die Kunsteishalle. Das Leben mit den Lacken im Dorf ist nur noch ein Stück Erinnerung.

Mein Heimatgefühl!

Hildegard Schober

Das Jahr 1945 hat für mich das Wort „Heimat“ geprägt.
Ich möchte dazu eine kleine Geschichte berichten,
die für mich immer in Erinnerung sein wird.
Es war Krieg!
Viele waren und wurden damals heimatlos -
unterwegs irgendwo und nicht daheim.
10 Jahre war ich, als der Krieg begann.
Ein Kind, welches Freude hatte und glücklich war
in einem Dorf am Neusiedler See zu leben.
Wir hatten unsere Arbeiten, unsere Pflichten und den Glauben zu beten,
daß dieser furchtbare Krieg bald vorübergeht -
und wir alle ihn gesund überstehen.
Die Mutter war schwer herzkrank und der Vater ist unfreiwillig,
wie viele andere in Rußland gewesen.
Mein Großvater und die Tanten halfen alle zusammen
um die Arbeit am Feld und im Weingarten zu verrichten.
Ich mußte für meine kranke Mutter Brot backen, die Kuh melken und Holz in die Küche tragen. Die Freude war dann groß, als ich der Mutter vom Vater „aus weiter Ferne“ einen Brief in den Schoß legen konnte. Er schrieb immer, daß er bald heimkommen und uns in der Heimat wiedersehen möchte.
So ging es 5 Jahre lang. Sehr hart war diese Zeit.
Die Menschen hatten es nicht leicht
und der furchtbare Krieg hat auch unsere Heimat bald erreicht.
Das Dröhnen und Donnern der Kanonen ist immer näher gekommen -
viele fremde Menschen sind jetzt durch unser Dorf gezogen.
Vom Banat und aus Siebenbürgen kamen sie herauf.
Diese Familien waren mit Ross und Wagen lange und weit schon unterwegs.
Ihre Heimat haben sie verlassen - um im Glauben und im Vertrauen
wieder eine Heimat zu finden und aufzubauen.
Große Viehherden wurden dann durch unsere Ortschaft getrieben

und das ist mir ein Anblick im Gedächtnis geblieben.
Genau wie das Vieh wurden auch ungarische, ausgehungerte, zerlumpte
und zerschundene Juden gestoßen und getrieben.
Diesen Menschen hat man ihre Heimat genommen und sie haben keine mehr
gefunden.
Dann kamen die Truppen der Deutschen Wehrmacht
mit Tross und schweren Fahrzeugen angefahren. Diese wurden verfolgt
und gejagt, von russischen Panzern und Granaten.
Sofort war auch die Propaganda wieder da,
die uns klarmachen wollte - wir sind in Gefahr.
Durch den Lautsprecher wurde gesagt, verlaßt eure Heimat,
man wird euch ausrauben und töten.
Ich hatte große Angst und konnte das alles nicht fassen und nicht da glauben.
Da hat die Mutter meine Hand fest gedrückt und zu mir gesagt.
„Mein liebes Kind, wir bleiben hier, wenn wir fortgehen -
haben wir keine Heimat mehr-
was auch immer kommt, auch sterben wollen wir daheim,
in der Fremde ist es doch so schwer!"
Mit diesem Erlebnis und mit diesem Heimatgefühl habe ich
50 Jahre überstanden,
stark und mächtig ist es noch heute vorhanden.
Unser Burgenland - unsere Heimat ist mit großem Aufschwung
wunderschön und lebenswert geworden.
Ich wünsche mir, so soll es sein im Jahre 2000 und überübermorgen,
daß die Burgenländer mit dem Wort Heimat
und der Muttersprache noch haben viel Freude,
daß es noch gibt blühende Gärten, Felder und Wälder,
den weiten See und die grüne Heide,
daß es noch gibt den Weinstock am Hang,
daß es aufrichtige Menschen noch gibt,
die verwalten und schauen auf unser Land,
die das Leben nicht verachten und die Natur hegen und pflegen -
dazu gebe der Herrgott unserer Heimat seinen Segen.

Erinnerungen an 1945

Maria Knipfer

Der Mann im Krieg - ich mit drei Kindern allein,
die Zeit, sie konnte nicht schrecklicher sein.
Das Kriegsjahr 1945 - nie werd´ ich´s vergessen,
als wir am Ostertag im dunklen Keller gesessen.
Die Flugzeuge surrten dumpf über uns her,
wir hatten zum Überleben fast keine Hoffnung mehr.
Wir alle litten furchtbare Not.
Stumm flehten wir zu unser´m Herrn und Gott.

Mein kleines Mädchen, ein halbes Jahr kaum alt,
keine Milch, keinen Zucker - hoffentlich stirbt es nicht bald!
Meine Zwillingsbuben hielten es im engen Keller kaum aus,
sie liefen immer wieder auf die Straße hinaus,
wollten Flieger-schau´n, Soldaten seh´n,
sie konnten - gottlob - diese Not nicht versteh´n.

Die Front kam näher, man konnte es hören:
Geschützdonner, MG-Feuer - wird man WIESEN zerstören?
Angst und Verzweiflung hielt uns alle umfangen.
Dieses Warten! - „Herrgott, hilf!“ hieß das heiße Verlangen.
18 Panzer der Sowjets rasselten bedrohlich einher,
wir dachten: Jetzt gibt´s wohl keine Hoffnung mehr!
Selbst die Kinder schwiegen - keines tat auf den Mund.
Kommt für uns alle jetzt die Todesstund´?
Russische Soldaten pochten am Kellertor.
Langsam wagten wir uns aus dem Loch hervor.

Drei Kinder - ein´s auf dem Arm und zwei an der Hand,
ängstlich gingen wir heimwärts am Straßenrand,
in unser altes Haus kehrten wir heim,
es stand noch! Wir konnten zufrieden sein.

Voll Liebe blickte ich in meiner Kinder Angesicht.
Aus meinen Augen rannen Tränen - ich zählte sie nicht.

„Feldarbeit" *Albert Kriegler*

Heimat (eine wahre Geschichte)

Mathilde Pani

Heimat wird in meiner Familie sehr geschätzt. Die Großeltern arbeiteten in ihrer Jugendzeit in Niederösterreich. Nach ihrer Heirat 1899 gingen sie in ihre Heimat Südburgenland zurück und begannen eine kleine Landwirtschaft aufzubauen.
Um schnelles Geld zu machen, ging der Großvater für einige Jahre nach Amerika. Er schickte seine Ersparnisse, sodaß die Großmutter Grund dazukaufen konnte.
Manche haben ihre Frauen und Kinder zu sich genommen, aber Großvater fühlte sich nicht sehr wohl in der Fremde.
Das Heimweh holte ihn in seine Heimat zurück.
1923 sind wieder viele ausgewandert, so auch ihr einziger Sohn (mein Vater). Nach einigen Jahren wurden auch in Amerika die Zeiten schlecht. Um ihren Arbeitsplatz nicht zu verlieren, wagten es wenige, in ihre alte Heimat zurück. Denn es gab auch hier nicht viel zu verdienen. Dazu kam dann noch der Krieg, man hatte keine Verbindung. Inzwischen waren seine Eltern gestorben.
Aber nach 47 Jahren begann meinen Vater das Heimweh zu plagen. Es war 1970, obwohl er schon siebzig Jahre alt war, nahm er die Reise auf sich.
Und er kam vom Staunen nicht heraus. Es war fast jedes Haus verändert. Er sprach von Wegen, die er einst gegangen ist, und konnte es fast nicht glauben, daß zu seinem Elternhaus eine Straße führte und es elektrisches Licht gab. Er sagte: oh, wie schön ist es nun in der alten Heimat. Ich hätte es nicht geglaubt, wenn ich es nicht gesehen hätte.
Auch ich blieb meinem Heimatland treu. Und das schon 74 Jahre.
Als junges Mädchen wollte mich mein Vater zu sich nehmen, denn ich wuchs bei seinen Eltern auf. Aber ich hätte mich in der Fremde nicht wohl gefühlt. Ich erlebte alle Tiefen und Höhen in unserem Land und schätze mein liebes Heimatland.

„Neusiedlersee im Winter“ *Peter Barilits*

Das Dorfnarr

Ingeborg Clemens

Joschi war der Dorfnarr einer kleinen burgenländischen Gemeinde in den Nachkriegsjahren. Sein richtiger Name war Josef, der Nachname aber keinem bekannt. Ein Dorfnarr, der meistens kein eigenes Zuhause, keine Familie, keinen festen Arbeitsplatz besitzt, kann in einem Dorf vielseitig Verwendung finden. Da er so eine Art „Narrenfreiheit“ besitzt, darf er tun oder sagen was ihm gerade in den Sinn kommt. In der Öffentlichkeit wird dies meistens mit großem Gelächter aufgenommen, insgeheim denkt sich aber so mancher „Normalbürger“, das hätte ich auch gerne gesagt oder getan, mich aber niemals getraut. Laut wird es allerdings nicht zugegeben, da ja sowas nur ein „Narr“ sagt oder tut. Auf Grund seines Äußeren, das ja durchaus nicht das Gepflegteste war, wurde so ein Dorfnarr auch gerne als Kinderschreckmittel verwendet. „Wenn du nicht brav bist, holt dich der Joschi“, waren schon sehr starke Drohungen seitens der Erziehungsberechtigten. Kurz gesagt, Joschi war eine sehr angenehme und brauchbare Erscheinung für die Bewohner des Dorfes.
Was aber keiner wußte, und vielleicht ein, zwei sensible Denker erahnten, war, daß ihr Joschi gar nicht so dumm und närrisch war, früher, bevor er Dorfnarr wurde.
Er stammt aus einer kinderreichen Zigeunerfamilie, die vor vielen Jahren in diesem Dorf für einige Wochen die Zelte aufschlug. Der Vater war Scherenschleifer, der Großvater Kesselflicker. Als die Arbeit im Dorf beendet war, zog die Familie weiter, und da bei so vielen Kindern der Überblick leicht verloren geht, wurde der kleine Joschi, der zu diesem Zeitpunkt gerade einigen Gänsen nachlief, einfach vergessen.
Nach vier Tagen etwa fiel es dann jemandem aus dem Dorf auf, daß da ein kleiner Junge am Anger Tag und Nacht sitzt und anscheinend niemandem gehört. Es wurden der Bürgermeister und der Herr Lehrer zur Beratung herangezogen. Von der Familie des kleinen, damals etwa 11-jährigen Joschi wußte man aber nur, daß diese ins tiefste Ungarn weitergezogen und nicht mehr einzuholen war.

Also beschloß man, den Buben im Dorf zu behalten, ihn zur Schule zu schicken und wohnen sollte er bei einem Großbauern, wo er für kleinere Arbeiten Essen und Unterkunft im Heustadel bekam. Somit glaubte man, die Angelegenheit sei zu aller Zufriedenheit erledigt.
Zu aller Zufriedenheit, bis auf Joschi, der, ja noch ein Kind, mit allen Ängsten und Wünschen eines Kindes, sehr traurig und unglücklich war. In der Nacht im Heu vermißte er seinen Vater, die Wärme seiner Mutter, seine Geschwister, und so weinte er sich täglich in den Schlaf.
In der Schule hatte er keine Freunde, die hänselten ihn nur. Joschi war aber ein sehr intelligentes und wißbegieriges Kind. Der Lehrer hatte seine Freude mit dem Jungen zu lernen, was dem Buben aber wieder Neider einbrachte. „So gescheit zu sein gehört sich einfach nicht für einen dahergelaufenen Zigeuner“, mußte er sich nun von den Eltern seiner Mitschüler sagen lassen.
Joschi war über all das sehr traurig und sehr allein.
Der Bauer bei dem er wohnte, kam bald dahinter, daß der Bub zu vielen Arbeiten zu gebrauchen war, weil er sich überall sehr geschickt anstellte. So wurde ihm immer mehr geschaffen, sodaß der kleine Junge alles bald nicht mehr bewältigen konnte.
Das alles, sein ganzes mieses Erdendasein, ging dem Kind eines Nachts im Heustadel durch den Kopf und er fing an zu überlegen. So wollte er einfach nicht mehr leben. Keine Eltern, keine Freunde, und vor allem keine Liebe. Auf einmal kam ihm eine Idee. Ja, so müßte es gehen, gleich morgen wird er damit beginnen.
Ab dieser gedankenvollen Nacht war Joschi in der Schule auf einmal sehr dumm. Wenn ihn der Lehrer in freundiger Erwartung einer gescheiten Antwort etwas fragte, bekam er überhaupt keinen Ton mehr zu hören. Joschi wußte nichts mehr, Joschi sagte nichts mehr.
Ähnlich erging es dem Bauern, bei dem er wohnte. Bei jeder geringsten Arbeit, die ihm angeschafft wurde, stellte sich Joschi so ungeschickt an, daß der Bauer es vorzog, lieber selber mitzuhelfen um größeren Schaden zu verhindern. Und so hielt es Joschi auch weiterhin mit allem. Er blieb dumm und ungeschickt.
Bald vergaß man, daß er ein guter Schüler und geschickter Handwerker war. Er wurde nun von allen mitleidig belächelt und das erste Mal wurde er auch „armer Narr“ genannt.

Das aber war für Joschi keine Beleidigung. Jetzt hatte er ja seine Ruhe von allen unangenehmen Dingen in seinem armseligen Leben.
Lernen konnte er auch weiterhin, aber wortlos und für sich alleine und seine Geschicklichkeit setzte er nur mehr dort ein, wo sie für ihn von Nutzen war. Niemand war ihm mehr neidig auf sein Wissen. Die Eltern seiner Mitschüler gaben dem armen Narren jetzt sogar hin und wieder ein gutes Mittagessen. Der Bauer konnte ihm, auf Grund seiner plötzlichen chronischen Ungeschicklichkeit keine schweren Arbeiten mehr schaffen. Er brauchte nur mehr die Kühe auf der Weide zu treiben, was Joschi sehr gerne tat, da er ja den ganzen Tag seinen Gedanken nachhängen konnte. Kurz, Joschis Leben war ein besseres und vor allem leichteres geworden.
So wuchs er auf, ohne Familie, ohne Liebe, aber von nun an von allen Dorfbewohnern freundlichst geduldet.
Er blieb dumm für die Öffentlichkeit, er wurde der Dorfnarr, aber er war nicht mehr unglücklich.

„Winterwald“ *Gerhard Posch*

zigeunerwald
eine annäherung an eine ausgelöschte heimat

Rudolf Hochwarter

1
rein, gesund und mit einer strengen ordnung versehen zeigt sich das grundstück auffallend vor dem ort. als frische, hellgrüne verlängerung des ortes. dahinter, direkt angrenzend, befindet sich ein dunkler erlenwald. feucht. modernd. inmitten von diesem grundstück wurde in den sechzigerjahren der brunnen für die ortswasserversorgung gebaut. ein gepflegter, kurz gehaltener rasen erzeugt einen kontrast zum dunkel des erlenwaldes. das grundstück ist eingezäunt, und ein schild weist auf dieses wasserschutzgebiet hin. fünfzig jahre, nachdem dort menschen gelebt haben, zeigt sich dieses stück eingeebnete land rein, gesund, hell ...
sauber, in einer strengen ordnung ...
eingezäunt ...

2
wir spielten als kinder dort, zwanzig jahre nachdem auf diesem grundstück menschen gelebt hatten. es war damals noch ein feuchter, dunkler wald, der niemanden zu gehören schien. und so gehörte er uns kindern. alle nannten ihn den zigeunerwald, ohne daß wir uns viel fragten, weshalb. es war ein flurname wie jeder andere auch.
wir kannten keine zigeuner.

3
erwachsene habe ich dort nie gesehen. ein niemandsland vor dem ort. ein ungepflegtes, urwaldähnliches spielparadies für uns. ein schlechter, nasser grund, so die erwachsenen. an erlen, bruchweiden, haselnuß- und holundersträucher erinnere ich mich noch, auch an bruchholz, das am boden vermoderte und von farnen überwuchert wurde. und an die vielen frühlingsblumen, die dort wuchsen. gelbsterne, blausterne, buschwindröschen, märzenbecher. und an die quelle, die damals nur für eine viehtränke genutzt wurde. und an die kleinen eingeebneten stellen im wald, wo die hütten gestanden haben sollen.

4
die erwachsenen redeten nicht gerne davon.
mehr als ein paar knappe sätze konnte den erwachsenen nicht entlockt werden. es gab keine erklärungen, schilderungen, berichte über die eigene rolle. es blieb alles zugedeckt, für uns kinder weit zurückliegend, rätselhaft, wir waren unberührt davon, als hätte das alles nicht stattgefunden. es war geschichte. für uns kinder weit zurückliegend. ohne zeugnisse. über die sache wurde geschwiegen und dieses schweigen ist uns kindern in die wiege gelegt worden. wir fragten nicht nach den zigeunern, wir fragten den vater nicht nach seinen kriegserlebnissen. es war ein großes einvernehmen zwischen kindern und erwachsenen.

5
ein name ist mir noch in erinnerung. der ist öfters gefallen. auf den redete man sich aus. der wäre der verantwortliche gewesen. vor dem hätten alle angst gehabt. ein vernaderer. ein überzeugter, sei der gewesen. kopeszki.

6
auf dem friedhof gab es auch zigeunergräber. einige kindergräber, zwei erwachsenengräber. als kind bin ich immer stehen geblieben. beim grab der zigeuner-rosl. auf dem grabstein befand sich ein bild der frau. es faszinierte mich. dieses bild war mein zigeunerbild meiner kindheit. der grabstein und das bild waren für mich die einzigen konkreten hinweise. es mußte sie tatsächlich gegeben haben.
ich war immer fasziniert von diesem foto auf dem grabstein. eigentlich erinnerte mich das bild dieser dunklen frau mit dem weiß in den augen an eine indianerin, wie ich sie mir durch die karl may bücher vorstellte. es muß eine hübsche frau gewesen sein. man redete auch gut über die zigeuner-rosl.

7
das bild dieser frau ist mir geblieben. sonst habe ich keine wirklichen bilder vom friedhof aus meiner kindheit. wie die gräber ausgesehen haben, weiß ich nicht.
nur das bild dieser zigeunerin ist klar vor mir.
die gräber sind nun eingeebnet. grüne flecken im kleinen friedhof. aus-

gelöschte gräber. wo sind die grabsteine? wo ist dieser grabstein mit diesem bild?
wo ist das weiß dieser augen?
in diesem weiß ist die ganze geschichte dieser zigeunerin begraben.

8
im zigeunerwald mußte es ihre stimme gegeben haben. manchmal, wenn ich allein dort war, lauschte ich angestrengt und glaubte sie zu hören. und dann die stimmen der kinder, laut anwachsend. da kam in mir manchmal angst auf. ich blickte dann zu den dunklen erlenkronen auf und redete mir ein, es werde wohl das sausen des windes sein.

9
ja, kinder müßte es im zigeunerwald auch gegeben haben, stellte ich mir vor. zigeunerkinder. über sie redeten die erwachsenen nie. sie waren ein tabu. da dürfte sich eine unangenehme schuld in den erinnerungen der erwachsenen verwurzelt haben. eine, die nicht einfach abzuschütteln war. eine sich immer tiefer verwurzelnde schuld.

10
der zigeunerwald gerodet, planiert, begrünt.
die gräber aufgelassen, planiert, begrünt.
keine bilder, keine zeugnisse.
nichts aufgeschriebenes.
auslöschung einer heimat.

11
in einer kürzlich erschienen ortschronik kann man folgendes nachlesen:
... in (...) gab es bis zum 2. Weltkrieg auch einige Roma-Häuser. Die Roma führten angeblich alle den Namen Horvath. Zu Beginn des nationalsozialistischen Regims waren sechs Romafamilien ansässig. In den Jahren 1938 bis 1941 wurden diese Familien verschleppt.

12
die verharmlosung oder nichtnennung einer historischen begebenheit mag gründe haben. einerseits könnte der mut fehlen, die schuld noch lebender, unmittelbar beteiligter niederzuschreiben, ihnen die wahrheit ins gesicht zu

schreiben, andererseits scheut man sich möglicherweise davor, sich mit dem roma-holocaust auseinanderzusetzen. berührungsangst. das alles hat nicht irgendwo stattgefunden. hier! mitten unter uns!
das wort verschleppt verharmlost, verschleiert. das wort verschleppt verfälscht die chronik. macht sie druckbar. macht sie rein. macht sie unter die leutebringbar.
verschleppen ist eine gewaltsame ortsveränderung. keine vernichtung von männern, frauen, kindern. daher:

13
fortsetzung einer chronik:
an der verschleppung waren ortsansässige männer, die zu diesem zweck rekrutiert worden sind, beteiligt. die verschleppung wurde von einen ss-mitglied, einem gewissen kopeszki, geleitet. die romafamilien mußten ohne gepäck in den frühen morgenstunden ihre häuser verlassen und nach fürstenfeld marschieren. dort wurden sie entkleidet, männer von frauen und kindern getrennt und in viehwaggons in ein lager transportiert. ihre hütten wurden niedergebrannt. nach dem krieg kehrte kein roma zurück. später wurde auf dem areal der ehemaligen romasiedlung der brunnen der ortswasserversorgung geschlagen. der sogenannte zigeunerwald wurde gerodet und ist derzeit wasserschutzgebiet. die letzten zeugnisse der romasiedlung, einige gräber auf dem dorffriedhof, wurden von der gemeinde entsprechend der friedhofsordnung als gräber ohne angehörige eingestuft und aufgelassen.

14
eine andere variante der chronik, die nie geschrieben wird können:
... von 1938 bis 1941 wurden die romafamilien in vernichtungslager deportiert. es gab vermutlich keine überlebenden. da angehörige des ortes an der deportation mitgewirkt haben, versuchte die gemeinde, ein zeichen der versöhnung zu setzen. die gemeinde übernahm die pflege der noch vorhandenen zigeunergräber und errichtete im ehemaligen zigeunerwald einen gedenkstein. ein mahnmal.

15

nach fünfzig jahren:

ein junger gemeindearbeiter mäht den rasen im wasserschutzgebiet. mit dem kleinen traktor zieht er immer engere kreise zum brunnen. ich betrachtete den hohen zaun um das wasserschutzgebiet. der zaun ist ungewollt mahnmal. der zaun erinnert an lager.

ich frage den jungen arbeiter, ob er wisse, was da früher auf dem grundstück gewesen sei.

er sagte nein.

ich sage, daß auf dem grundstück zigeuner wohnten,

er sagt, nein, er schreit, nein! zigeuner gäbe es hier nicht. er wisse nichts von zigeunern, die hier einmal gelebt haben sollen. hier ist nur das wasserschutzgebiet.

da ich diesen jungen arbeiter nicht kenne, frage ich ihn, wie er heiße.

kopezki, ist seine antwort.

„Sonnenuntergang" *Josef Lentsch*

Inhalt

Dr. Reinhold Oberleitner
2483 Ebreichsdorf